第8回東海学シンポジウム

城に学ぶ

土屋光逸「名古屋城」(木版画)

NPO法人東海学センター 編

風媒社

第8回東海学シンポジウム

城に学ぶ

目次

＊本書は、２０２１年10月31日に開催された第８回東海学シンポジウム「城に学ぶ」で発表された講演等を収録したものである。
＊講演者の所属・肩書は、講演当時のものとした。
＊寄稿、コラムは本書のために新たに書き下ろされたものである。
＊本書収録にあたって、講演内容に加筆・修正、資料の追加等を行っている。
＊用字用語は原則的に執筆者の意向に基づくが、編集上、必要と思われるものについては編者により用語の統一を行い、補筆、ルビ等を付した。

『信長公記』と小牧山城
―信長の奇特なる御巧み―

小野友記子
（愛知県小牧市教育委員会・考古学専門委員）

写真１　史跡小牧山（小牧山城）航空写真

小牧山城発掘の成果より

皆さまおはようございます。今日の「城に学ぶ」というシンポジウムで、私の方からは「『信長公記』と小牧山城～信長の奇特なる御巧み～」というタイトルで、近年発掘調査等で成果が上がってきております小牧山城の成果のご報告、そしてそういった成果を基にどういったことが歴史的な評価として考えられ得るのかといったことを、信長の事績を記しました『信長公記』を少し読み込むことでそれと関連付けてみたらどうだろうかという話をさせていただきたいと思っております。コロナ禍がありまして、私も最近登壇する機会がめっきり減っておりまして、大変久しぶりの講演でございます。お聞き苦しいところが多々あるかと思いますがお許しいただければと思います。どうぞよろしくお願いいいたします。

それでは早速、話を進めさせていただきたいと思います。今日の組立てとしましては、このような順でいきたいと思っております。

まずは小牧山のプロフィールということで、小牧山城の位置を確認しておきたいと思います。小牧山城は濃尾平野の真ん中の独立丘陵です。周辺の関連する城郭の位置としては、図1のような位置に岐阜城、犬山城、清須城、那古野城となっています。このような位置と小牧山城の関係ご確認いただければと思います。

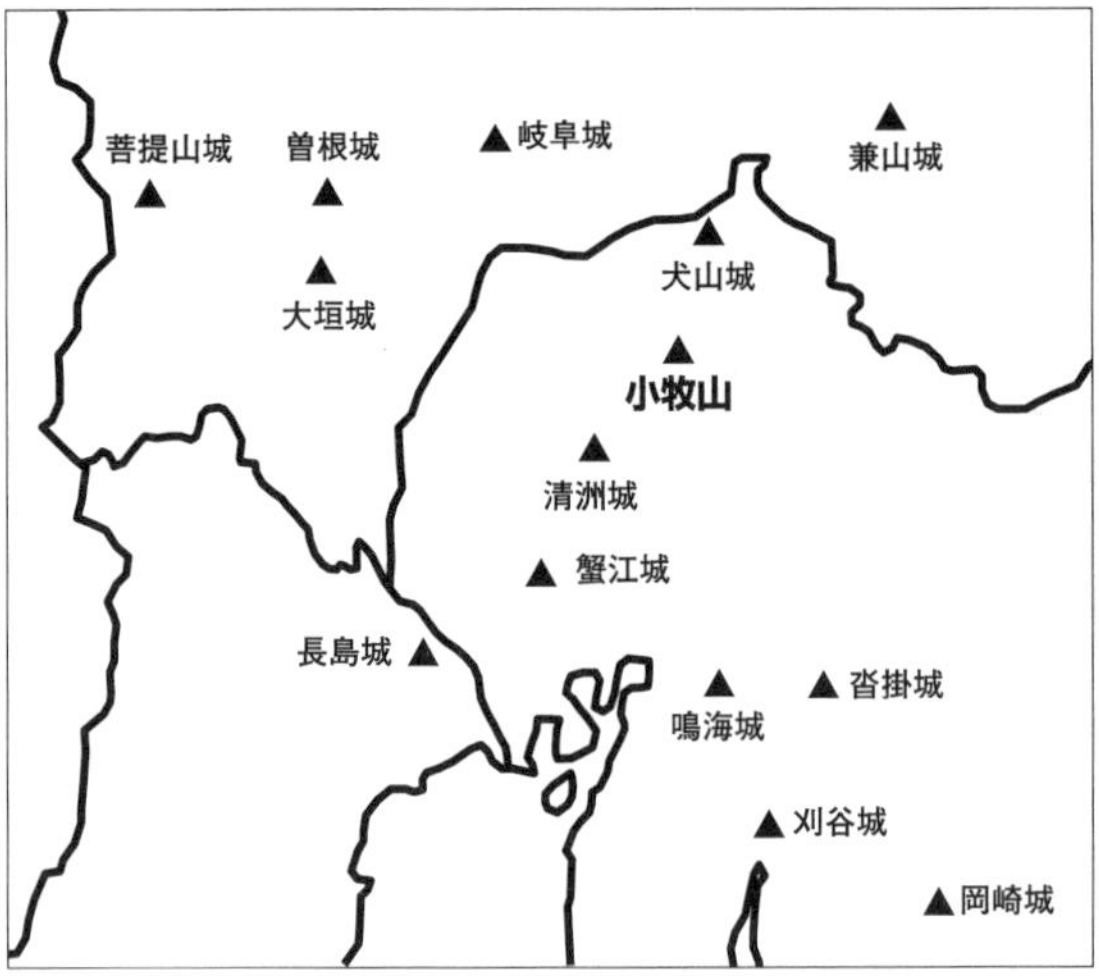

図1　小牧山城と周囲の城の位置関係

小牧山、城としての歴史を少し確認しておきたいと思います。小牧山が城として使われたのは、大きく分けて二回の時期です。一つ目の時期が戦国時代です。永禄六年（一五六三）に織田信長が小牧山に城を築き、清須から居城を移し、小牧山南の原野に城下町を整備し、その四年後、永禄十年に信長が美濃の稲葉山城を岐阜と改称して小牧山から居城を移すというこの期間、信長の小牧山城の時期というのが永禄期にまず一度ございます。

いったん廃城となった小牧山城、再び城として使われるのが次の時期です。有名な小牧・長久手の戦い、まさにその小牧という地名が入っております天正十二年（一五八三）の小牧・長久手の戦いのときに、本能寺の変で死去した信長の跡目争い、覇権の行方をめぐる争いとして勃発した戦いのうち、織田信勝・徳川家康連合軍がいったん廃城となっていた信長の小牧山城の跡を改修して陣城としました。ということで、このときにもう一度城として使われる。

後に小牧・長久手の戦いでの徳川軍の、局所的な長久手の戦いでの勝利というのが、徳川政権になって後、非常に家康公ゆかりの戦勝の地ということで大変な顕彰、そして保護を受けることになりまして、江戸時代中というのは小牧山一帯というのが尾張藩の直轄保護地、御留山として一般の入山が禁止されるなど、城跡として非常に良好な姿が現在まで引き継がれる、そういった来歴をもった城でございます。

縄張りを確認しておきたいと思います。小牧山は面積が二一・六ヘクタール、標高が八五・九メートルの山でございます。周辺の標高がだいたい一五メートルほどですので、高さ約七〇メートルほどの山。皆さんの足でもだいたい一〇分から一五分ぐらい山道を上がっていただければ山頂に着くといった、山城ほど厳しくない丘陵と言ってもいいような山に、全山が城としての遺構が残っている山です。近年、史跡整備、小牧市が行なっております史跡整備において、最初は麓の帯曲輪地区というのを二〇年近く前に発掘調査をして整備をし、その後このピンク色の主郭地区といわれる、いわば城の本丸を含む心臓部の部分の調査というのを開始いたしました。

そこで、これからご報告をさせていただくような石垣をはじめとする信長期の遺構が次々と確認されることによって、これまであくまでも信長期の頃は簡単な美濃攻略のための出城、砦だったという評価で、この山全体の城の遺構はほとんどが小牧・長久手の徳川家康が陣城として使った時期の城であるというふうに評価されていた小牧山城が、いやいやもしかすると信長が永禄期に何もない山から一から築いた城が、ある意味城の一つのターニングポイントになってくるような取り組みを、そのとき信長がしたのではないか、という評価が得られつつある、そんな城です。

信長の居城の変遷

ではその織田信長にとっての人生のなかで小牧山城の在城期間というのがどの時期になるかといいますと、永禄六年から一〇年、信長にとっては信長三〇歳のときから三四歳までの城であると。そして信長の人生において関わりのある城になるとたくさん出てくるわけですが、ある意味居城というか、信長が起居した城、勝幡、那古野、古渡、清須城のときから織田家の当主、そして尾張の国守のような立場になってからの居城ということになります。清須、小牧、そして岐阜、安土というふうに、信長が四つの城を本拠地、居城として使っていた、ということの移動の変遷とその順序をご確認いただきたいと思います。

居城がこれだけ変遷する武将というのは、同時期の武将と比べてもなかなかありません。信長が愛知県から、最後は滋賀県安土と、どんどん京都の方に近づいて行っている。まさに天下統一の歩みが城で追える、という状況が確認いただけるかと思います。

また、清須城、岐阜城というのが、前代の城主がいる、もともと城であったところに信長が入っていって居城とする城であるのに対し、小牧山城、安土城は、ほぼ手つかずの山を一から信長が城として造っていく。そういう意味では、岐阜城、そして清須城というのが城のリフォーム物件であるのに対し、小牧山城、安土城は城の新築物件と理解することができます。

その場合、ではリフォーム物件と新築物件のどちらの城がより信長のセンス、城造りに対する考え方がダイレクトに反映されるかといえば、やはりリフォーム物件ですと前の人の規定された形を

史料1

一　二宮山御越あるべきの事

上総介信長奇特なる御巧みこれあり。清洲と云う所は国中、真中にて、富貴の地なり。或る時、御内衆悉召し列れられ、山中高山、二の宮山へ御あがりなされ、此の山にて御要害仰せ付けられ候はんと上意にて、皆々、家宅引き越し候へと御諚候て、爰の峰、かしこの谷合を、誰々こしらへ候へと、御屋敷下され、其の日御帰り、又、急ぎ御出であって、弥、右の趣御諚候。此の山中へ清洲の家宅引き越すべき事、難儀の仕合せなりと、上下迷惑大形ならず。左候ところ、後に小牧山へ御越し候はんと仰せ出だされ候。小真木山へは、ふもとまで川つゞきにて、資材雑具取り候に自由の地にて候なり。噇と悦んで罷り越し候ひしなり。是れも始めより仰せ出だされ候はゞ、爰も迷惑同前たるべし。小真木山並びに御敵城於久地と申し候て、廿町計り隔てこれあり。御要害、ひたひたと出来を、見申し候て、御城下の事に候へば、拘へ難く存知、渡し進上候て、御敵城犬山へ一城に楯籠り候なり。

太田牛一・桑田忠親校注『新訂 信長公記』新人物往来社、一九九七年

一部は踏襲しなければいけなかったりするのに比べて、新築物件であればより本人のセンスが反映しやすいという点で、小牧山城、安土城を調べること、それはすなわち信長の頭脳に近づく作業をしているとも言えるのかもしれません。

そんな小牧山城ですけれども、小牧山に関して『信長公記』はどこで書いているかという話をちょっとしたいと思います。『信長公記』首巻に「二宮山御越あるべきの事」という条がございます。本文は「史料1」にそのまま抜き書きをしています。

例えば犬山城ですとか、いまもうほとんど跡地も残っていない岩倉城などのほうが、『信長公記』には度々表記があります。それに対して小牧山城という言葉が出てくるのは、ほぼこの条文一つだけです。ゆえに文献史料的な研究においても発掘調査が一〇年ほど前まで進むまでというのは、あくまでも小牧山にどんな城を信長が築いていたのか、それはとても簡易な砦程

度のもので美濃攻略のための足掛かりに過ぎなかったという一つの文献的に見られていた一つの評価の証拠というか、にもなってしまうわけですけれども、この文書をまずは確認していきたいと思います。

「上総介信長奇特なる御巧みこれあり。」ということで、清須にもともといたと。そしてその後、清須からある日「二宮山」、これは犬山市の現在本宮山とも呼ばれている山です、に家臣を連れていき、ここに城を造ると。だからみんなここに引越して来なさい、と命じた。しかも、どこどこの谷にあなた、この山は峯にはあなた、と屋敷割までした、と書いてあるわけです。それで、またいったん戻ったわけですけれど、家臣たちはどう思っていたかと言うと、「此の山中へ清洲の家宅引き越すべき事、難儀の仕合せなりと、上下迷惑大形ならず。」と書いてあるので、みんな嫌々だったということがしっかり書いてあります。

そう思っていたところ、「後に小牧山へ御越し候はんと仰せ出だされ候。」ということで、やっぱり本宮山二宮山をやめて、小牧山に城を造ってみんながそこに引越そうとおっしゃった。「小真木山へは、ふもとまで川つゞきにて、資材雑具取り候に自由の地にて候なり。」「嚾と悦んで罷り越し候ひしなり。」ということで、いったん二宮山本宮山というところに移そうと言ったんだけれども、みんなが嫌な顔をしていたらある日また気が変わって小牧山に引越す。小牧山というのは清須から川が続いているので、二宮山に比べれたらどんなにか引越しが楽だろうか、ということでみんな喜んで小牧山に引越したと書いてあるわけです。

そして、「是れも始めより仰せ出だされ候はゞ、爰も迷惑同前たるべし。」ということで、そもそも引越しということ自体、「富貴の地」といわれる清須から引越すこと自体が面倒くさいはずなのに、最初に難しい難所の二宮山本宮山を挙げておいて、そうじゃない、もっと楽なところである小牧山をその後に言い出したことによって、引越しという行為、居城移転ですけれども、居城移転そのものをスムーズに行うことができた。それが信長の奇特なる御巧みなんだとこの条文では書き上げているわけです。

よくこれは現在でも、ビジネス誌などでリーダーのあるべき姿みたいなことで、部下には最初はちょっと無理めの難題を押し付けておいて、その後本命である自分のちょっとそれより楽な形で本命の目的をやれば部下はスムーズに動きますよといったような、ビジネス誌での教訓めいたエピソードに非常によく使われる条文でございます。

よくそういった人心操作というか、家臣をうまく使って自分の本意を成し遂げることができたという意味で、この「二宮山御越あるべきの事」という条は書かれているわけです。これをもう少し深く読み込んでいくこと、そしていまからご報告するような、近年進められております小牧山城の調査成果、そして小牧の城下町の発掘調査でわかってきたことを合わせると、この中には実は信長の「御巧み」というのが、無理めのところを言っておいて引越しそのものを楽にするといった、その一点においてのみ書き上げられていることではないヒントがあるのではないか。

それでは、まず信長の「御巧み」とは何かを三つに分けて考えていきたいと思います。

「御巧み」その一 ～場所の選定～

そもそも小牧山に移すこと——最初は二宮山ですけれども——、にあるわけです。では、その全体的な流れから確認していきますと、信長、そしてた父の信秀は、ずっと美濃を狙い続けているわけですが、その美濃を攻略するためのルートをどう考えていたかというと、基本的には図2の太い点線、「西美濃攻略ルート」と名前を付けましたが、簡単に言うと大垣を取るか取らないかという、いわゆる当時の鎌倉街道沿いに、その街道を押えるのと同時に稲葉山城を睨む、清須から出て大垣を経由して稲葉山城を狙いたい、というのがずっとお父さんの代からやっている攻略ルートです。なので毎回ここら辺の川を渡って合戦してどうのこうのとか、大垣を取ったり取られたりと言ったところが、父親の代のところから歴史的にきているわけです。この線で攻略しようとしていた。

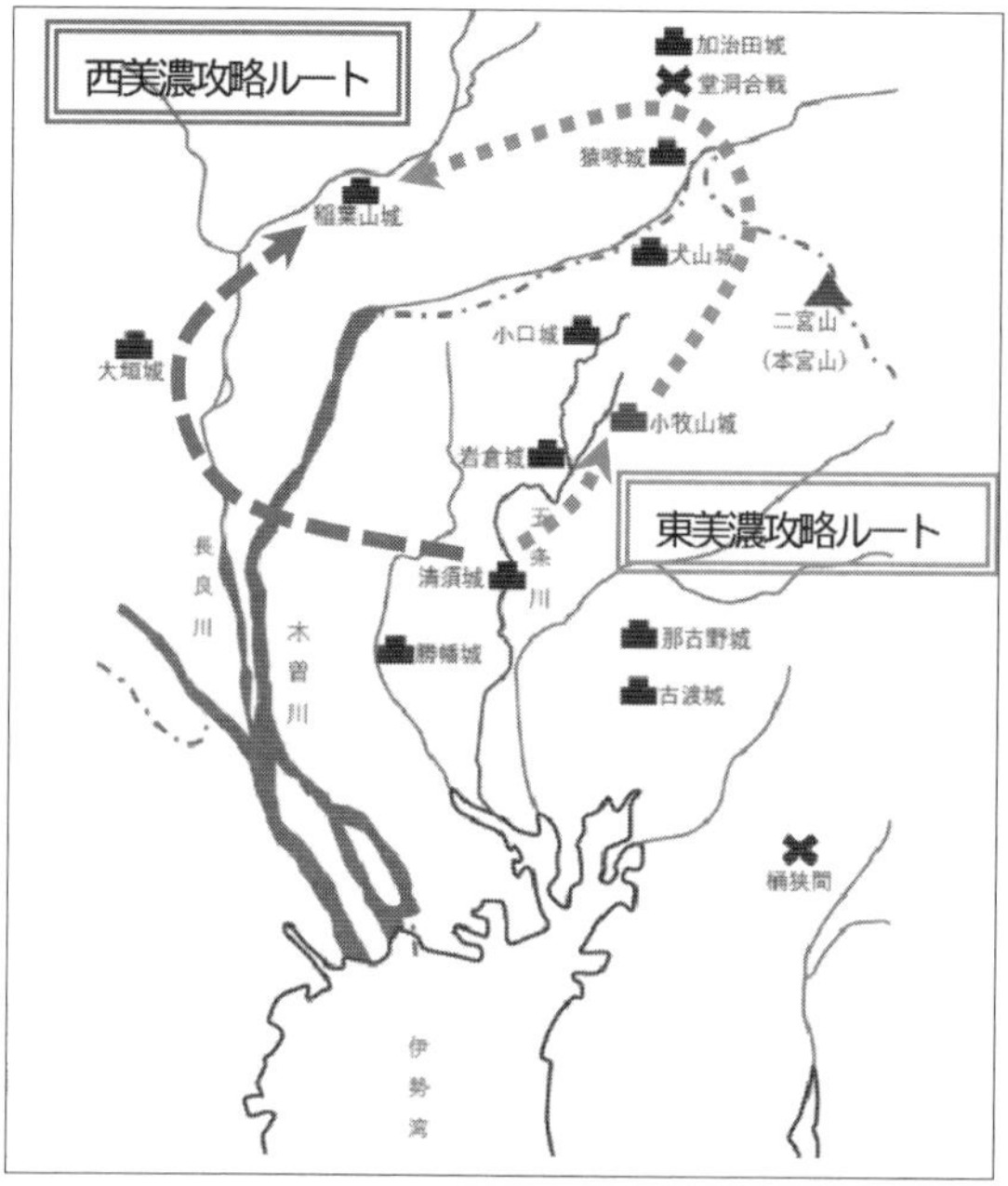

図2　信長の美濃攻略ルートと城郭等

ところが小牧山城はこちらの位置になり、全く西美濃ルートには当たってこないんです。もう一つ言いますと、いわゆる鎌倉街道であるとか地方の支線レベルの街道筋にも乗っかってこない、ある意味地政学的にはその時点ではあまり意味のないといってもいいような山でした。濃尾平野の真ん中で、独立丘陵で、見晴らしもよくて三六〇度視界が利いて、そりゃあさぞかし、城として建つのにもうこれ以上のところはないですよねと、今私たちはパッと思ってしまうのですが、だったら信長以前の各勢力がとっくに城にしているはずなんです。ここが便利だと思えば。なのに、信長が目を付けるまで、手をつけるまで、特段、ちょっと山岳寺院っぽいものがあるかな、ぐらいの程度で、あんまりそういった要害的な意味での使われ方というのを小牧山はしてきておりません。そういうことは地政的にそういった要害になり得るような場所にないと評価できるかもしれません。

そういった小牧山城に、いきなり信長は引越すと言ったわけです。これもともとの、本当かどうかわかりませんけれど、最初に引越すと言った二宮山もその延長線上に位置しているわけです。これもちろん西美濃ルートから外れています。このライン、清須から見て小牧、二宮と見事にベクトルが東側に振っているわけです。これは信長が明確に「西美濃攻略ルート」をある意味もう捨てたと言ってもいいのかもしれません。違う攻略ルートをここでも指し示しているわけです。

ここで提起されるルートは、簡単に言うと「東美濃攻略ルート」と言いまして、小牧山、二宮山を回り込んで稲葉山城を東から窺う、そういった攻略ルートを提示しているわけです。なので、単に山に引越したいから尾張の国の中では高い場所は二宮山ぐらいしかないから、そこに引越したかったんだという、標高の高低の話だけではなく、方角も見てもらえれば、違う攻め方をしようとしているということがここで見えてくるわけです。美濃攻略が西から東になった。

それを明確に二宮山、小牧山城を提示することによって、家臣たちに告げている。俺はもう西美濃ルートじゃなく東美濃ルートで行くぞ、だから城下を移すぞという話になるわけです。明確な意思表示をしているのですが、ここで少し文章的な問題があります。本宮山というものが、ジャブか本命かという話なんです。もともと『信長公記』を読むとき、二つの評価があります。一つは最初に二宮山を提示して、本命の小牧山城の移転というのをスムーズにやろうとしていたので、あくまでも信長の本心、本命は小牧山の居城移転であって、本宮山というのはジャブ。さっき言ったように無理筋のことを先に言ってみて本命をうまくやり遂げた、というふうに読み取る読み取り方と、もう一つは本当の信長の本心は、やっぱり本宮山に行きたくて、あんまりにも家臣たちの不平不満が多かったので、ちょっと妥協して小牧山に居城を移したんだと言う風に読み取ることも、文章的にはできるわけです。これは非常に興味深くて、信長と家臣団との関係が如実に窺えるわけです。前者の場合ですと、ある程度のトップダウン型の意思統一というのが織田家中で図れていたという評価になります。そしてもう一つの方、あくまでも二宮山が本命で小牧山というのが妥協策だったという場合は、信長と家臣団との関係においてまだ家臣団の方にも一定の力、発言力といったものがあって、信長はこの永禄六年時点では、ちょっと家臣の顔色を窺わないといけない家中だったと評価することもできます。

ともかくも、どちらかということは文献の方の検討もまた進めていかなければいけないと思いますが、少なくとも東側に振ったということは間違いないのです。これは美濃の国にものすごい影響を与えるわけです。どういうことかというと、いままで猿啄、加治田といった東美濃の城と、そこにいる勢力の人々はどういう役割だったかというと、尾張と美濃が交戦することになると、必ず今までは西美濃ルートで来ているわけですから、稲葉山城に対して自分たちは後詰。後ろの後方支援でよかったわけです。ですから、なにか危ないとなると、ここから勢力なり物資を稲葉山に補給する仕事でいいんですよねと思っていた。ところがいきなり信長がこっちに進み始めちゃった。小牧山、二宮山ラインが、もう城を建設するということで明快になるわけです。では次にどこに来るのといったら、自分たちのところじゃないですか。今度いきなり稲葉山城獲りに来るときの信長にとっての前線になってしまうわけです、自分たちっていうのが。今まで後方支援でいいと思ってた人たちが、いきなり前線に引っ張り出されましたっていう状態になったときに、ガタガタするわけです。その状況というのがはっきりと『信長公記』の条文構成であらわれます。この首巻の中の、記載の「二宮山御越あるべきの事」という今触れている小牧山城の条文と、それから永禄一〇年の「稲葉山御取り候事」で岐阜城が取れましたよというところまでの前後を確認したいと思います。

「二宮山御越あるべきの事」、小牧山に来る、居城移転をする前というのは、「森部合戦の事」、「十四条合戦の事」と言って、あくまでも西美濃ルート上の合戦のことが書き上げられています。それに対して「二宮山御越あるべきの事」以降の出来事というのは、加治田の城、犬山、伊木山、堂洞、すべて東美濃の動静を書き上げているわけです。ですから、この小牧山城の居城移転がなった時点で、東美濃の勢力の構成とか、力関係というのが一気に動き始めたを意味しています。それがある意味信長の狙いだったのかもしれません。記載順でもわかる西美濃ルートから東美濃ルートへの転換を読み取ることができます。

「御巧み」その二

小牧山城では先ほども少し触れましたように、山頂部主郭の一帯では石垣というのが次々と見つかっております。どのような状況かというのは写真でご報告しますが、もともと何もないただの切岸と言われる斜面だろうと思われていた部分です。そこを地表面の土を慎重に取り除いていったところ、このようにずっと繋がっているんですけれども、石垣が山頂の曲輪を囲むようにぐるりと巡っているということが確認されました。

北東部は一番残りがいい部分で、すでに一部が露出しておりました。なので石垣からは、いつ、誰が造ったのかというのが、調査するまでわからなかったわけですが、調査しますと潜っていた部分、土の下にも石垣がきちんと築かれていていてという状況でした。しかも、野面積みという古い段階の石垣ですが、たいへん大きい自然の石をうまく組み上げて使っている。隙間がいっぱいあるように見えて、不安定で怖いなあという印象を持たれた方もいらっしゃると思うんですが、よく見ると下の埋まっていた白い部分の間に、いっぱい細かい石が詰まっているところが見えると思います。これは「間詰め石」といわれる化粧の石です。長年野ざらしになっていると、その化粧の石がころころと抜けてしまって隙間だらけなんですけれども、この間詰め石というのはあくまでも化粧であって、石垣の構造的強度にはとくに影響ない、隙間を埋めるための化粧なんです。実際の野面の石垣というのは非常にお尻が下がってまして、お尻のところできちんと荷重がかかっていますので、構造的には隙間が空いていても別段それが弱いということではないようです。

西の斜面も同様です。木や枯葉に覆われていたものを取りますと、かなり大きな石がずらっと並んでいて、後ろに裏込め石といわれる背面の構造体もあるということが見えてきます。この石垣の一石は、普通規模でだいたい2トンぐらい。大きいものになると多分4～5トンは超えてくるような、山の中が、この小牧山自体が大きな岩山でして、チャートを主体とする堆積岩の山なんですけれども、その山の中で採石をして山頂に、いい面を選んで積んでいるという状況です。かなり大きな石を並べているということが分かっていただけるかと思います。

石垣についてもそうなんですが、その構造もやはりユニークでした。どのような状況だったかというと写真2にありますように、二段の石垣が見えるということになります。前のスライドでお

写真2　小牧山城主郭をめぐる2段の石垣

見せしたのは、一段目、一番上の段の大きな石です。そして写真の2の上の段の石だということになります。続いて二段目というのがその下に、いわば階段ピラミッドのように巡る、こういう状況になります。山頂部の平坦な山頂曲輪がございまして、その周りを出入口を除いてほぼ途切れることなく、ぐるりと巡らされた一段目。そして二段目の石垣というのが、階段ピラミッド状のようにセットバックして積まれるという状況が調査で明らかになってまいりました。

北の尾根においては、部分的にですけれど、なんと三段目まで確認されるということになってます。この下にまだ巡るかどうかというのがまだ調査が及んでおりませんので、少なくとも部分的には三段の石垣が階段状に、段築という形で積まれているという構造体だというとが新たに分かってまいりました。当然野面積みで、先ほど見ていただいたような自然の石、安土城より一三年先駆けての石垣です。安土城の主郭、本丸近くで計れる最大で約一〇メートルほどの石垣が確認されておりまして、それより前の石垣としては、この一段目として最大二・五から三・八メートルぐらいの高さ、二段目で一・二〜一・五メートル、三段目で一メートルから一・二メートルほどの石垣が段築に積まれていますが、恐らくこの一段目、一番上の石垣においては、多分これが技術の限界だったんだろうと思われます。なので、私たちみたいにその後の名古屋城であるとか、大坂城の石垣を知っている人間からすると、なんだそんなに高くないし、大したことないじゃないかと思われるかもしれません。けれど、これがこのときの技術の限界だけれども、恐らくこの段築には秘密があって、信長の高く積めという命令、注文を技術と折衷させて生みだされた形態がこれなのではないかと考えています。どういうことかというと、当時の人というのは当然この石垣の横であるとか、例えば城下であるとかから「見・上げ」るわけです。「見・上げ」たときにこの石垣どう見えるかというと、間にあった平坦面というのは消えてしまって、下の二段目から一段目の天板まで、二段目の下から天板までひと続きの石垣に見える。そういった視覚のトリックとも言うべき効果というのを利用して、段築で技術の限界を補いつつも、効果を上げようとしているのではないか。そんな構造物が小牧山城の山頂、あるいは今から申し上げますように、小牧山城の石垣の分布というのが、中腹から上の主郭地区といわれる部分に限定されて確認されました。

石積み、石垣といった石の構造体が見つかっているのは、この直線の大手道が小牧山城に特徴的なんですが、それが終わって、つづら折りになってから上のエリア一帯にのみ今のところ石垣、石積みというのが見つかっています。山頂から中腹までというのが石垣、石積みの空間で、中腹から山麓というのはあくまでも従来的な土造りの城、中世城郭というもの、簡単に言うとハイブリッドな城、中世と近世への萌芽が同居している、それがエリアとしてきちんと区別できるという、本当に過渡期の城と理解することができるのかもしれません。

そんな小牧山城の石垣については、石垣だけを取り出して考えますと、まず段築については先ほど言ったように一段目と二段目を合わせて高く見せるような工夫をしているということで、高さを求めています。続いて一段目の石垣に顕著ですが、とにかく大きい石を使っています。まずもって尾張の国内で城造りに石を採用するということが、この小牧山城で最初に手掛けられておりますので、まず目新しいということです。そして最後に勾配の統一や間詰め石ということも確認できていますので、仕上がりも求めている、きれいな石垣を求めているという、高い、大きい、美しい、新しい。これって何によって私たちは認知することができるかというと、すべて目です。目。目で見て分かるということです。字で書いて説明せず、口で説明して分かってもらうじゃなくて、見たら分かるということで、視認性を希求していると言えるのかもしれません。見て分かる新しさ、目で分かる大きさ、高さということを、小牧山城で実現しようとしているその取り組みの結果が調査で分かった石垣たちなのではないかと考えています。

そんな小牧山城の石垣の評価は、小牧山城のあと信長は岐阜城、安土城と進んでいきますけれども、石垣の分布域、そして城郭の構成要素というのも横に並べてみると、石垣の分布域が中腹以上だった小牧山から総石垣になる安土城まで、そして城郭の構成要素としての石垣だけではなく、瓦であるとか、高層建物であるとか、そういったいろいろなものが、どんどん小牧山城から安土城に向かって拡大していく様子が如実に見えてくるわけです。石構造物エリアというのが拡大していくのは、その後の織豊期城郭が成立していく発達過程をきちんと踏襲していて、非常にオーソドックスなものです。突如として信長の安土城が出現するのではないのです。新しい城というのが安土城として具現化しているわけではなく、あくまでも新しい城、土の城から石の城への転換は、小牧山城から安土城までホップ、ステップ、ジャンプのように、ちゃんと段階を踏んで発達させているということとも言えると思います。

以上のように、「御巧みその二」、石垣の採用というのはどういう意味をもつかというと、土の城から石の城への転換です。そのことは、今回触れております「二宮山御越あるべきの事」の後半に少し触れている面白い件がございます。小口城のエピソードです。『信長公記』の本文のところ、史料1の後ろから四行目のところです。

「小真木山並びに御敵城於久地と申し候て、廿町計り隔てこれあり。御要害、ひたひたと出来を、見申し候て、御城下の事に候へば、拘へ難く存知、渡し進上候て、御敵城犬山へ一城に楯籠り候なり。」ということで、敵城・小口城の人たちがどういう対応をしたかということが『信長公記』に書かれています。ところがその小口城から手放しで逃げていっちゃったと書いてあるわけです。実はその三年前、永禄三年には『信長公記』で小口城の攻略に失敗していると書かれています。だから、そんなに簡単に攻略できる城ではないわけです。しかも目と鼻の先にあるちょっと厄介な城だったんだろうと思います。ところが、この「ひたひたと出来を、見申し候て」と書いてあるところ、小牧山城がだんだん出来上がるのを見ただけで、小口城の人たちは無血開城して犬山に行った。もう小口の城を捨てて行ってしまったと書いてあるわけじゃないですか。これはもう大成功ですよね。城造っただけで、勝手に向こうが白旗を上げて城を一個捨ててくれたということなんです。

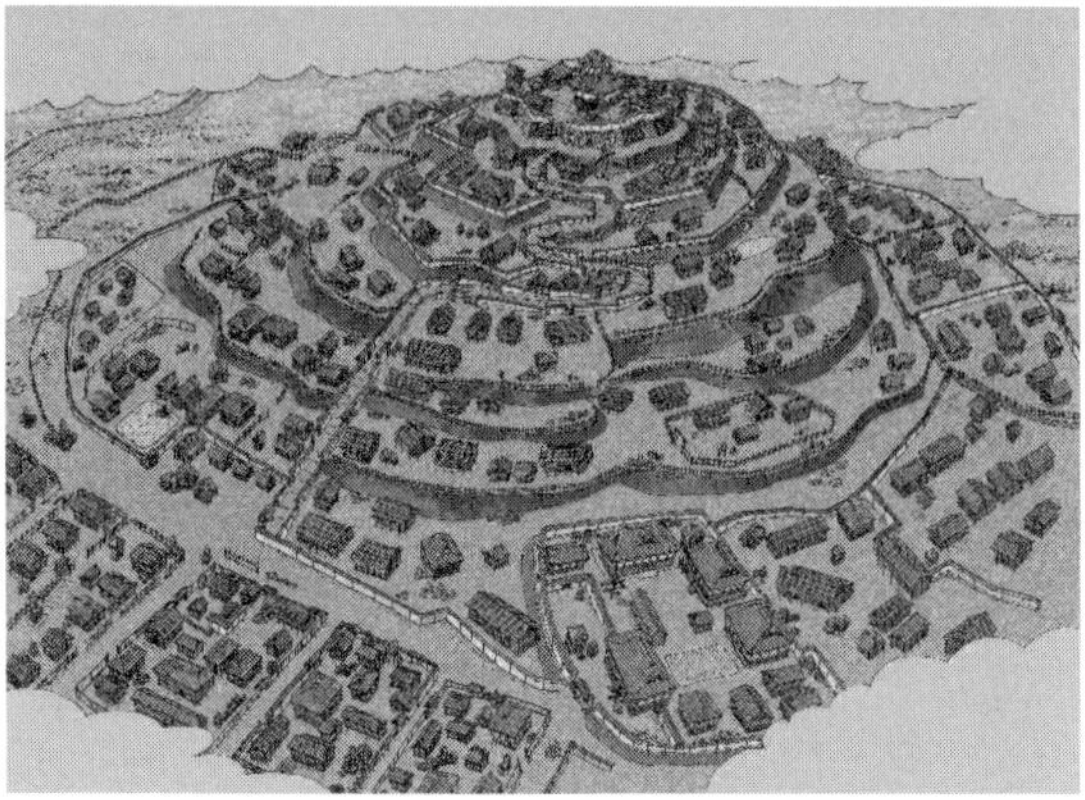

図2 小牧山城（永禄期）推定想像復元図

それはものすごい成功なんですけれど、このときに城に新しい意味が付け加えられたことを意味しています。どういうことかと言うと、城を抑止力として機能させている。戦わないで相手の戦意を喪失させることができれば、もうこれはこっちのものなわけです。でもこれは非常に現代的なものと全く一緒です。例えば、ちょっと物騒な話かもしれませんが、核兵器を持っているだけで戦争をしないわけですよね、現代の社会においても。それと一緒で、あの人とんでもない城持ってるから、とんでもない核兵器持ってるから、あの人に喧嘩売るのはやめようと思うわけですよね。

その城が、単に戦う場として様々な仕掛けや構造を持つという物理的な発達だけではなく、抑止力という存在そのものが戦局、戦略上どういう意味をもつかという存在になったということを意味しています。つまり戦う城から、見せて戦意を喪失させる城にしなきゃいけないんだなということを、この成功体験をもって信長は学ぶわけです。ある意味成功したと彼がこのときに思って、手ごたえがあったからこそ石垣の拡大傾向というのが安土城に向かって続いていきますし、その後の秀吉が石垣の城というのを堅持し、そして自分も例えば石垣山の一夜城というのがありますけれども、なので非常に効果的にその存在というものを見せつけて、自分を有利に持っていくということ。土の城から石の城への転換は、同時に戦う城から見せる城、視認性の希求というのがその存在意義として非常に大きなウエートを占めることになってまいります。

「御巧み　その3」～小牧山城下町

今日のシンポジウムのテーマの一つでも大きなテーマの一つだと思いますけれども、城と町づくりというのが、どこから始まるのか、そしてそれはどういう意味を持ってくっついてくるのか、といったテーマの一つのまず素材として小牧山城下町をご紹介させていただきたいと思います。小牧山並びに小牧の城下町というのは、先ほど言ったように、信長以前には地政学上ほとんど注目をされていない場所でしたので、別に山に何か城がもともとあったわけでもなく、そして麓に昔な

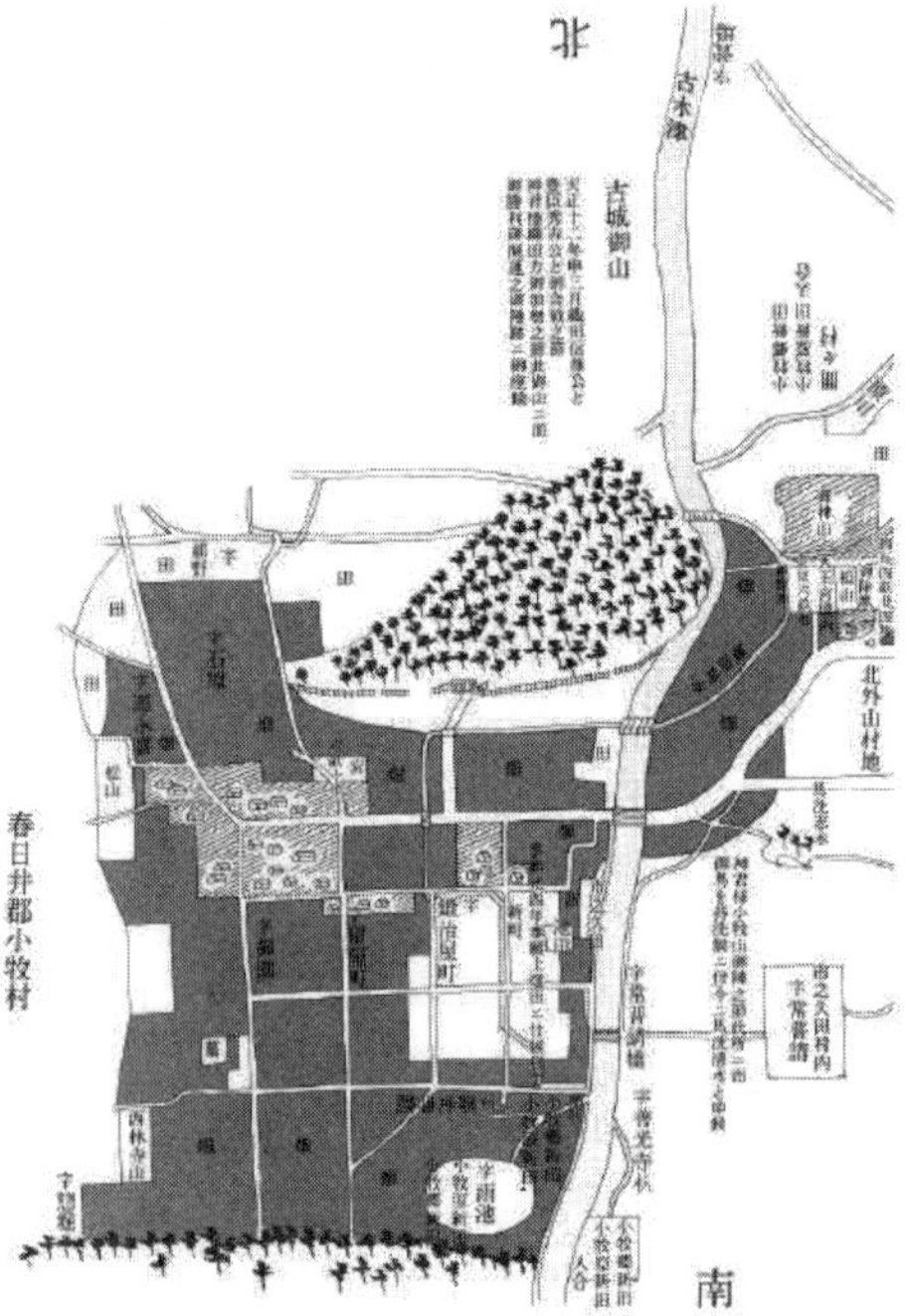

図３ 春日井郡小牧村絵図解読図
（部分：『小牧市史』資料編２より）

がらの町や村があったわけでもなく、手付かずの山と手付かずの原野です。そこに信長は城を造るのと同時に、このような町割をほどこし、清須から職人、商人、そして家臣たちを集住させます。今のところ調査が行われましたのは、この武家屋敷地区の一部、そして町屋は鍛冶屋町筋の一部などを調査しております。

江戸時代の絵図（図３）を上げます。江戸時代にも町割が非常に良好に残っており、それに基づいて町割を示してありますが、ある意味、いわゆる城下町的に長方形の区画というのが道筋に通って、その中で同業集住、同じ業種の人、そして同じ身分の人たちというのが集住させる形での都市計画というのを、何もない町に一から引いて、まさに信長のニュータウンになるわけですが、ということを実行に移したということが調査成果で分かってきております。例えば、これが鍛冶屋町の辺りで出てきている建物の痕跡。きちんと町筋に沿って間口が狭く奥行きの長い、いわゆるうなぎの寝床的な地割というのが確認をされております。

『信長公記』と小牧山城
―信長の奇特なる御巧み―

小牧山城と新しく引かれたニュータウンであるところの小牧山城下町。何もないところに一から三〇歳の信長が造った。それもしかも『信長公記』の表現を借りれば、本当は本宮山に行こうとしたけれど、そこをやめて清須から川伝いにこの小牧という新天地において城と町を造った。そしてそれを居城とした。清須というのは当然それまでの尾張の国の府中、首都なわけですね。なので清須城から小牧山城へ政治と軍事の中心地、そして清須の城下町からこの小牧山の城下町へ経済の中心地を、尾張の国のそれぞれの中心地を移す、これは大袈裟ではなくこういうことに基いて尾張の国首都移転構想ともいうべき壮大な事業を、永禄六年、三〇歳の信長が構想し、しかもそれを実行に移したということが言える。かなり大きなプロジェクトをやり遂げたわけです。

これは果たして最初に申し上げたように、あくまでも美濃攻めのための仮の城、砦でやることだろうか、ということになると逆算的に言えば恐らくですけれども、もしかすると信長は東美濃ルートにルートを転換することによっての局面の打開、プラスそれでもまだ対美濃戦線が膠着した場合、新しい城、新しい町でこの尾張の国の中心地というのをがっちり経営し、そこから次の戦略地へ移転する新しい足掛かり、中心地というのを永禄六年にはいったんここに造り上げた。だけれでも、意外とその東美濃戦略というものが効き目を出して、四年間で岐阜があくと、そして信長は手塩にかけた新しい取り組みを、いろいろここで展開したわけなんですけれども、本命であるところの岐阜に四年後に移る。なのでこれを造るときというのは四年後に岐阜に行くから適当でいいやと思って造っているわけじゃないわけです。いかに天才信長といえども、未来を読むことはできませんので、ここで一〇年、二〇年かかるかもしれない美濃、そしてさらに次の攻略対象に行くためにじっくりと腰を据えた新しい城造り、新しい町づくりをいったんは実現させた。

四年間の居城期間というのは、結果論としての居城期間の短さと評価しなくてはいけないかなと思います。

さいごに――「奇特なる御巧み」とは何か

さて、最後に「奇特なる御巧み」とは何かということですけれど、今の「御巧み1」から「3」をまとめさせていただきます。「御巧み1」は場所の転換です。美濃攻略ルートが西から東へ移った、その転換のことを指している。もう一つは、城郭そのものの転換。土の城から石の城、戦う城から見せる城への転換が図られたことを示している。三つ目は、城下町の転換。城下町というのはどういうふうにくっついて、これから私たちにとって城と城下町というのはあって当然というか、くっついてて当然、というのの当然を当然にした最初の場所なのかもしれません。経営方法、そうやってある意味領主が、そういった町場であるとか町づくりというのに、ダイレクトに関わってくるという、今までの自然発生的に集住されていた町場とは違う臨み方、そして対応の仕方というのが城下町にとっても必要となってきますし、もう一つは、その集住した人々に何を見せるか、先ほどの視認性の希求にも影響はしますけれど、そこに見上げる形で城が存在し、それがある意味権力者の代弁をする存在感として、そこに厳然とあるということ自体が意味を持つ。そういった場のプランニングというのがある、その大きな転換を三つ成し遂げている。

そのことが「御巧み」であって、単なる本宮山を無理筋で言っておいて、小牧山が本命だったんだよ、だからそれで楽に引越しが済んだよというふうに、するっと『信長公記』読めてはしまうんですが、この大きな三つの転換というのが、実は「二宮山御越あるべきの事」のところにはしっかりと書かれています。

まず一つ、場所の転換については「小牧山へ御越し候はんと仰せ出だされ候。」というふうに、まずは場所を転換するよということがここに書かれています。二点目城の転換。「御要害、ひたひたと出来を、見申し候て」の件は、先ほど言った小口城の人たちが石垣の城というものの新しいものの出現において、土の城から石の城、戦う城から見せる城へ転換したことで、戦わずして一つの城を落とすことができた、ということをきちんとここに書いているわけですね。三点目、城下町の転換。「爰の峰、かしこの谷合を、誰々こしらへ候へと御屋敷下され」の部分ですけれども、これは二宮山のところで命じているわけですが、当然同じことを小牧山城下でもやっているわけですから、みんなが城の城下に住むんだよ、それをちゃんと、この谷、この山なのでこの谷合とかこの峰だとか言ってますけれども、この場所に誰々さんは住みなさい、この場所に鍛冶屋さんは住みなさいというふうに、もうゾーニングをしているという、同じ命令というのが、恐らく小牧山城下町にも施行されたと想像できますので、そういった上意を持っての町づくりというのが推進された。この三点がきちんとこの『信長公記』の中には描かれています。

たった一条ではありますけれども、大きな転換というのが小牧山城においてなされた、それが信長の非常に単なる人心操作ではなく、大きな戦略構想に基づいて多方面からいろいろな町づくり、城造りというのが展開していたということが、この条文には隠されていると考えられると思います。

中世末期の奈良における都市変革と「多聞城」

佐藤亜聖（滋賀県立大学人間文化学部教授）

歴史の変換点としての「多聞城」

皆さんこんにちは。私は実は二〇二一年三月まで奈良の元興寺文化財研究所で仕事をしていました。四月から滋賀県立大学に移ったわけです。言い訳をするわけじゃないですけど、私の前任はお城の研究で大変有名な中井均先生ですが、私自身は城に関しては全く無名の人間でして、中世の考古学、石造物とかそういうのを中心に研究している人間です。本日は城そのものを見るというよりは、城を取り巻く世界、とくに中世の都市・奈良というものとの関係性の中で、多聞城がどんなふうに見れるかというお話をさせていただきたいと考えています。

中世の奈良は、中世の日本を代表するような、京都と並ぶ非常に有名な都市です。こういった都市が中世から近世に代わっていく過程の中で、大きな変換点になるような城として多聞城がありまず。松永久秀が築いた有名な城ですが、ルイス・アルメイダ『イエズス会士　日本通信』の記述などから、石垣があって、漆喰壁があって、そして瓦葺きの建物があって、四層櫓が備わっているという、非常に近世的な姿を持つそういった画期的な城であったというふうに評価されています。そういう城が、奈良の中世から近世への過渡期に突然出てくるわけなんですね。

松永久秀という人も非常に個性的な人物でして、NHKの大河ドラマ「麒麟がくる」でもかなりクセのある人間として描かれていましたけれど、そういった人が入ってきて伝統的な中世都市にこうした特殊な城ができる、この意味を少し考えてみたいなと思います。恐らく奈良における松永久秀と多聞城というものを読むことで、中近世の移行期の都市がどういうふうに位置づけられるか、ということを見ることができるのではないかと考えて、今日のお話しをさせていただきたいと思います。

奈良の守護職・興福寺と近世の国内争乱

まず中世の都市・奈良ですが、平城京がなくなったあとも、有名な東大寺、興福寺、私がいました元興寺などの寺社を中心に町ができてくるということになります。大寺社の隣接地に街区が出来上がるのです。お寺がそれぞれ自分たちの権益を持つ、いわば境内としてこの町を取り込んで都市を発展させる、そういった伝統的な都市です（永島、一九六九）。

奈良は東大寺など大きな大寺社の四面に「郷」と呼ばれる町の単位が成立してくる。そしてそれが平安時代の後期、一一世紀から一二世紀ごろには、この町は自分たちの境内だということで、お寺が取り込んでいくわけですね。鎌倉時代になりますと町が大きく発展して、さまざまな今に続くような町の名前がたくさん記録に出てくる。そういったことがあります。室町以降は、興福寺が奈良の守護職になるという少し変わった状態で、大和という国そのものが興福寺を中心として発展する。そういった国であり、またその興福寺というものが非常に大きな意味を持っている、中世の奈良をまさに象徴するのが興福寺であるということになります。

そして一六世紀の終わりぐらいになりますと、織豊政権の侵入によって寺院による支配が終焉を迎え、近世を迎えるというのが教科書的な理解というふうにお考えください。

そして奈良の近世というのをどういうふうに捉えるかというところで、中世の都市の支配者は先ほど申しましたように興福寺でした。ただし、興福寺って実は全然一枚岩ではないんですね。まず大乗院、一乗院といった院家に京都の貴族、九条家や近衛家、そういった摂関家の一番偉いところから人が入り込んで、そこですでに内部に対立構造を持っています。さらにその中で、実際に興福寺の中で活躍した「六方衆」と呼ばれる者とか、「衆徒《しゅと》」「国民」と呼ばれていますけれども、在地の人たちを寺や春日社の組織の中に取り込むんです。在地の土豪などがどんどんお寺の役を任命されていくわけです。彼らの子弟がお寺に入ってくることで、興福寺の中がすごく多様化する。守護興福寺と一般に言われますが、実はそうではなくて、大和の国の中のゴタゴタを興福寺に全部引きこんでしまっている状況になります。

室町時代を通じて、在地土豪が「衆徒」「国民」に編成されます。国民の筆頭は越智氏。越智は高取の方にいた有力な豪族です。衆徒の筆頭は筒井氏ですが、筒井氏は郡山の筒井にいました。筒井順慶で有名ですね。こういった勢力が主導権を争い合うんですが、彼らはやがて興福寺の内部部組織へぐいぐい入り込んで、興福寺自体が全然安定しなくなってしまうんですね。大和の守護職と言われながら、そういった実行権力が安定した調停機能を失っていくという構造があります。

猿沢池からちょっと東に歩いたところに有名な奈良ホテルがあるんです。非常に立派な伝統格式のあるホテルなんですが、その足下に大乗院庭園という大きな庭園があります。大乗院というのは興福寺の中で一番力があった院家なんですが、その庭園の裏山が奈良ホテルで、その場所が「鬼薗《きおん》山《ざん》城」、お城だったんですね。つまり奈良のど真ん中に城が造られる、室町時代、応仁の乱前後ですけれども、そういった形で非常に不安定な状態になっていると。それが松永久秀が入ってくる前の状態だったということになります。

松永久秀は奈良に入ってきて、旧来の奈良の権威というものをどんどん破壊してしまうところが非常に有名だったのですが、実は松永が入ってくる前の段階で、すでに多くの外部勢力、奈良の人間から言いますと外国勢力が奈良の国内に入ってくるんですね。もっとも興福寺権力そのものも本来幕府など外部権力によって維持されるものではありましたが、この頃になると本質的なところが変化していきます。重要なのは明応六年（一四九七）です。筒井氏と結んで畠山尚順が京都から奈良の方に入ってくるわけです。ただ入ってきただけではありません。葛城地方、奈良盆地の東南部・葛城山の麓の方ですけれども、そういうところに入ってきて、万歳《まんざい》氏という地元の国人《こくじん》を追っ払う。そしてその土地を闕所《けっしょ》としてその土地を自分の配下の人間に与えてしまうのです。

これが実は画期的なことなんです。大和は今まで大和の中でゴタゴタが起こると、一応中央権力を背景に興福寺の名目上の調停が入ってその中で自分たちで解決していこうという姿勢が強かったんですが、応仁の乱以降になりますと、大和の中に外国勢力が入ってきて、大和自体のルールを無視してしまう。大和自体の権益がだんだん奪われてしまう。そういう事態が訪れてくるわけです。つまり大和の独自のルール、自分たちのことは自分たちで考えようというルールが崩壊していくんですね。それが度々こう続いてくるということになります。

畠山がどんどん入ってくるのと、今度は畠山を追いかけて赤沢朝経が奈良に侵攻してくるわけです。これは単独で攻め込んでくるのではなくて、やはり筒井氏と喧嘩をしていた古市氏、奈良の有名な土豪ですけれども、こういった奈良で揉めている連中が、もはや「興福寺の名のもと国内で何とかしよう」ではなく、中央の幕府勢力と直接繋がることで外から調停者を呼び込んでいる。実際に実効支配する人間を外から呼び込むという現象が、応仁の乱以降顕著に奈良で行われるようになってくるわけです。ただ、興福寺も手をこまねいているわけでもなくて、非常に抵抗します。興福寺の中で決議をしまして、それは許さんということで郷人も動員して、竹やりを持って迎えるということもやっているんです。でも非常に抵抗はするんですが、その抵抗もだんだん弱くなってくるということです。

何が大事なのかと言いますと、すべての国人同士の争乱を契機として、各自で揉めている連中がそれぞれ別々に中央の勢力と手を組んで、大和の権利をどんどん自分たちで崩壊させていく。そういった状況が、松永久秀が入ってきて奈良に多聞城を造る前の段階で、相当深刻に進んでいたということです。そういうことをまず前提として考えていく必要があります。

悪役・松永久秀と多聞城のイメージ

松永久秀は、もともと三好長慶の配下として史料上には出てくるわけです。それで奈良に「侵攻」、と敢えて言わせていただきますけれども、侵攻しまして、永禄四年（一五六一）に多聞城を築城します。ここでちょっと面白いのは、多聞城という城が、興福寺のお坊さんの日記の中にはたびたび面倒くさいものとして扱われているんですね。松永が死んだときにも興福寺の多聞院英俊というお坊さんの『多聞院日記』には、非常に明るい話題として書いているぐらい松永は嫌われているんですが、実は多聞城の棟上げのときには奈良の市民がこぞってこれを見に来て、「ああ」ええもんや」「すごいもんや」といって見に来ているということがあります。全然敵対的な雰囲気がないんですね。

松永自身は永禄八年（一五六五）には、足利義輝を謀殺したということ、それからさらに三好と対立して主君を殺すというようなことをやっている。そして何よりも永禄一〇年（一五六七）には、戦乱の中で大仏殿を焼いてしまっていますから、その後非常に長い間、奈良では悪者として扱われているといいますか、非常によろしくない存在として描かれているわけです。最後もね、有名な「平蜘蛛の釜」をかかえて爆死したとかしてないとか、これは創作の話なんですけれども、そういった伝承ができるぐらいよくない感情を持たれている方です。永禄一一年（一五六八）には信長と繋がって一国の支配権、大和はお前にまかせるよということを言われているんですけれど、元亀三年（一五七二）にはまた信長と対立する。次から次へと主君を裏切る人だと、そういったイメージを持たれています。

松永久秀は天正五年（一五七七）、信貴山《しぎさん》城で信長に攻められて自害します。多聞城もこれをきっかけに解体されて潰されてしまうということになります。

松永政権の一般的な評価というのは今お話ししたようなものなんですが、実際には永禄五年（一五六二）に、大和国内および木津、狛、加茂、瓶原、和束、（これは南山城の地域、京都の南部、奈良と接する辺りです）、こういったところに自ら徳政令を発布している。それから永禄一一年には奈良市中と寺社における「乱妨停止」令の命令を出しています。それから元亀元年（一五七〇）には、これは信長の後ろだてが強いんですけれども、大和に知行割を実施する、こういうことをしています。これまで興福寺しかしてはいけなかったことを、松永はどんどんやっていくということです。こういったことがありまして、奈良の中世を終わらせた、まさに近世の始めを飾ったのが松永だと、そういう評価だったんですね。松永こそがそれまでの権利権益というものをすべてぶち壊す形で中世を終わらせた、興福寺の息の根を止めたのが松永であると、そういった評価が行われてきたわけです。こういった評価とですね多聞城の壮麗な姿が結びつき、まさしく松永が自らの権力を誇る形で壮麗な城を造ったんだというイメージで語られてきました。これは一般の方もそうですし、研究者でもそうですね、そういったイメージを前提として論が組まれてきたところがあります。

ところがこの一〇年ほどで、松永久秀の姿はかなり再評価が進んでいます。天理大学の天野忠幸さんを中心に、久秀は実はそれほど力を握っていなかったんじゃないかという研究が進められています。例えば、松永久秀は家臣団として土豪の人々を編成していたとされているが、実は編成というよりは一時的な動員ではなかったかとか、それから将軍の殺戮も実は本人ではなく息子の仕業であるとか、そういった破壊者としてのイメージが、ここ一〇年ほどで大きく変わってきている、そういった現状があります（天野、二〇一八）。

これは昔からの言われ方ですが、必ずしも久秀が入ってきたことで奈良が破壊されたわけではなくて、入ってくることで奈良の町中の結束が逆に強化されて、ちょっときつい言い方ですけれども「寄生虫的な存在」だったという意見も一九六〇年代に出ています（永島、一九六三）。そういった見方があるんですね。ですから、松永久秀が奈良の中世を終わらせたか、はたまた違う形で奈良に存在しているのかということを明らかにするということは非常の意味のある作業じゃないかなと考えられるわけです。

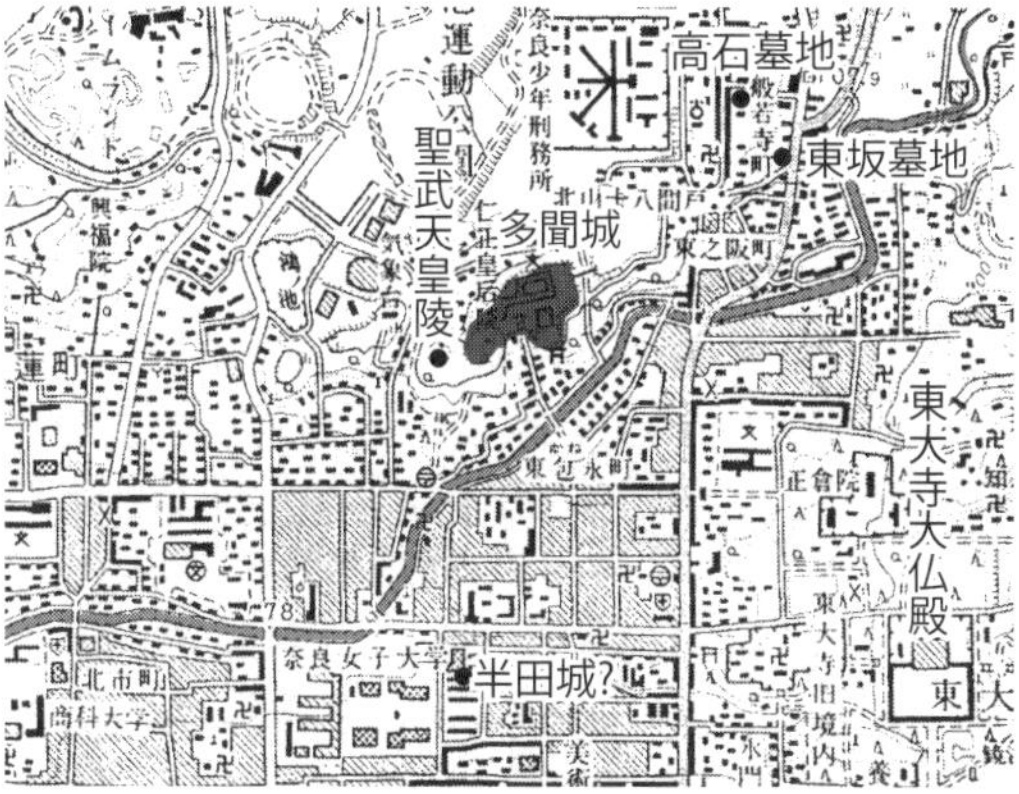

図１　多聞城の位置

写真１　現在の多聞城（奈良市立若草中学校）

幻と消えた多聞城

ＪＲ奈良駅からまっすぐ三条通りをずっと歩いてきますと、猿沢池があって興福寺がある。興福寺のところをちょっとさらに東へ歩いて、そこから北にずっと歩いて行くと佐保川という川があります。この川を渡るときに、ちょっと左手を見てもらったら、こんもりとした山があるんです。そこが多聞城があった場所ということになります（図１）。

現在は多聞城のあったところが奈良市立若草中学校という中学校になっています（写真１）。これほど有名な城なんですが、実は考古学的にはあまり分かってないというのが実際です。といいますのは、多聞城廃城の際、石垣の石は大量に筒井城、実際は郡山城と思いますが、みんな運ばれてしまっていると書かれているんですね。それから建物は解体されて、二条城はじめ各地へ持っていかれています。ですから痕跡がまったくないんですね。アルメイダの記述に書かれ

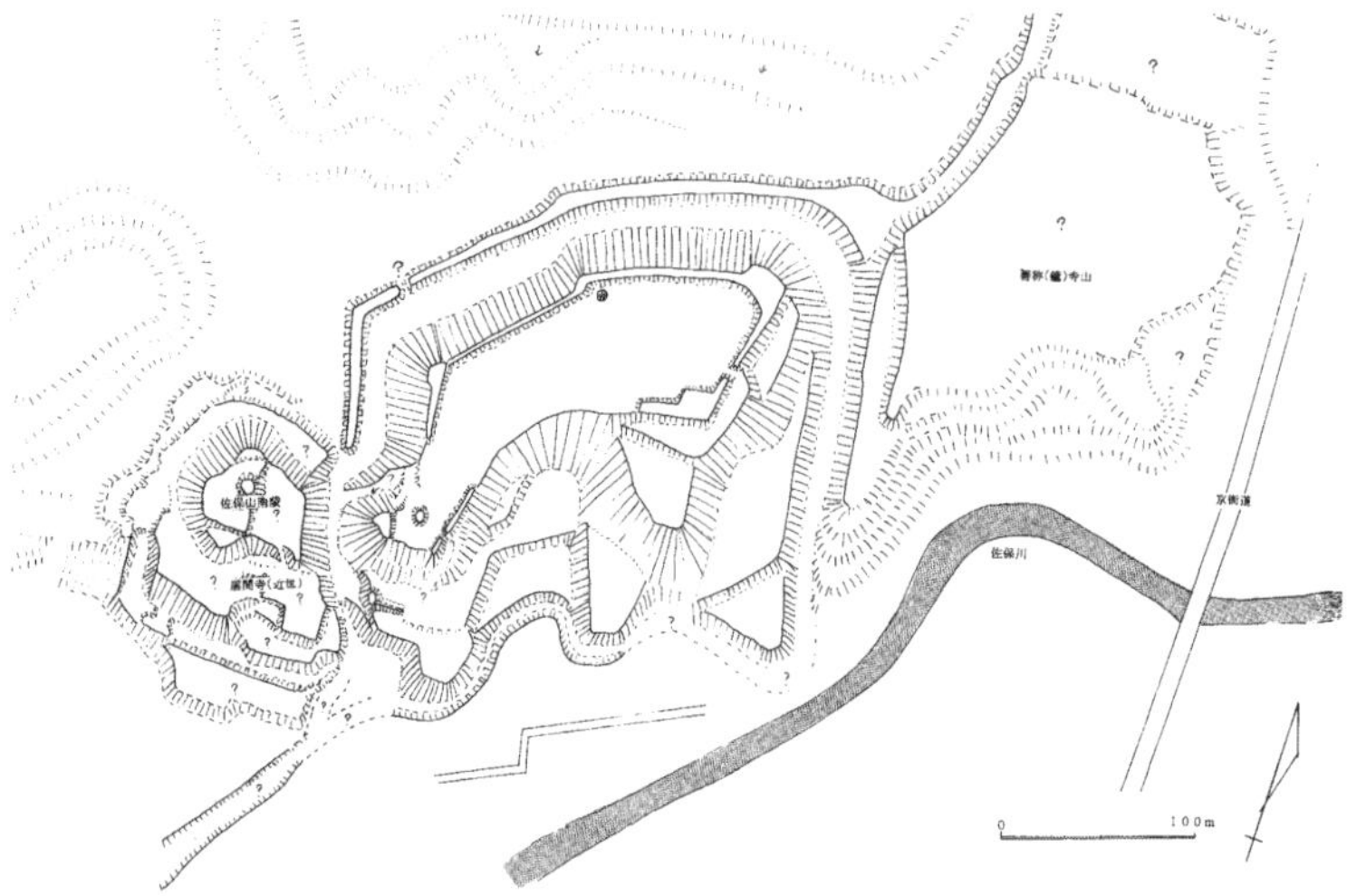

図２　多聞城の基礎構造（高田, 2006より）

ているような四層櫓だとか、漆喰塗りの白壁、瓦葺きの建物、石垣、これも果たして本当に揃ってたのかどうか、そうした疑問というのは実はずっと今まで議論されている部分があります。私は恐らく存在していたと見ていいだろうと考えているんですけれども、そのような施設を示す痕跡というのが、実は残念ながらまったく残っていないというのが実情です。実際に発掘調査もされているんですが、すごく昔の調査でして、いま一つ今日的な視点で見ようとするときに、なかなか全体像を掴みにくい。実情を掴みにくいというのが多聞城の実際の状況です。

いま大手口とされていますのは、若草中学校の正面の門になっています。階段を少し上がったところ、上の左側の部分が多聞城の本体であったと考えられています。

図面にしますとこういう感じです（図2　高田、二〇〇六）。一見すると大きな城郭のように見えるんですが、実は城郭として立派なのかというと、それほどでもなさそうなんです。

推定されている城郭域は大きく三エリアに分かれます。東側の部分は、実は城郭的な構造というのはほとんどないんじゃないかと言われています。そして西側の聖武天皇陵のところのこの部分は、眉間寺というお寺がここに移転します。『多聞院日記』に眉間寺は多聞城を造るときに破却されたと書かれていて、ここを西の丸と考える意見もあるんですが、残念ながらいま陵墓になっていますので、中に入ることもできない、ということで実態がよくわかりません。東側にに入っている堀切が、果たして多聞城段階の堀切なのか、もっと新しい時期の切通しなのかということも少し議論がわかれるところでして、ここを多聞城の一部とするかどうかというのは少し保留したいというところです。

そうしますと、多聞城自体が城郭として機能していたメインの部分というのは、実はこの真ん中の部分になるんです。それほど大きなものではないということになります。それから先ほどの小野先生の小牧みたいに、連郭の非常に立派な城ということもありませんで、どちらかというと非常にシンプルな、平地の単郭式城館をそのまま山の上に上げたような構造であるということになります。ですから、防御性という面から見ますと、実はそれほど強い防御性を持っていないと、いうことになってまいります。あれほど揉めに揉めた外部勢力が入ってきて、それほど防御性を持っていない城郭を構えているという点が、多聞城というところの一つの特徴になってくるかと思います。

多聞城はもともと大規模な墓地だった

発掘調査は一九四七年、戦後すぐに若草中学校の建設に伴って行われています。場所は先ほど見ていただきました主郭の部分です。一番大事なところは、ほとんどこの時調査されています。それも発掘調査というよりも、工事に際して緊急にレスキューしたような、そういった調査なんですね(伊達、一九五八)。この時代によくそこまで頑張って調査されたなあと思いますが、そういった調査が四七年、四八年の頃。その後は若草中学校の改修等々に伴って、七八年、八二年、八三年、二〇一五年と調査が行われています。残念ながら、遺構の本体そのものに関しては、四八年の若草中学校の建設によりほとんど失っており、現在なかなか状況がよくわかないということになります。

一九七八年の調査は比較的遺構の状態がよくわかっています。礫が入った土塁の痕跡じゃないかと思われる遺構、それから五輪塔、墓石ですね、これを並べた遺構とか、そういったものが見つかっているんですね（中井、一九七九）。

この多聞城というところ、実はもともと墓地だったんです。『二条寺主家記抜萃』永禄四年条に「南都眉間寺破壊造城了」と書かれているんですね。「松永弾正少弼沙汰之」と書いてあります。この眉間寺という寺は東大寺にとって非常に大事なお寺です。聖武天皇国忌が行われる寺として知られているんです。そしてそれ以上に、実はこの場所は奈良にとって一番大事なお墓になっています。

多くのお坊さんが奈良の中で亡くなる。そうしますと例えば、『大乗院寺社雑事記』文明二年（一四七〇）条では南にある福智院でお坊さんが亡くなった後、葬列を組んで南の城戸町あたりから奈良の外へ一回出たあと、眉間寺へ行くと書かれています。つまりこの多聞城があった場所には大きな中世の墓地があったんです。それも興福寺の偉いお坊さんとか、奈良の郷民と呼ばれる人たち、こういった人たちがどんどん眉間寺のお墓に入っているんです。ですから、奈良の人間からしますと非常に大事なお墓になります。このお墓を多聞城を造るときに壊したという事実があるんですね。これも実は、松永の奈良に対する強権発動の一つの根拠にされてきたものです。

ところが私もいろいろ気になりまして、眉間寺の墓地の土器（蔵骨器）を、これは橿原考古学研究所にあるんですけど、ちょっと図面を書かせていただきました（図3上段）。一部古い図面もありま

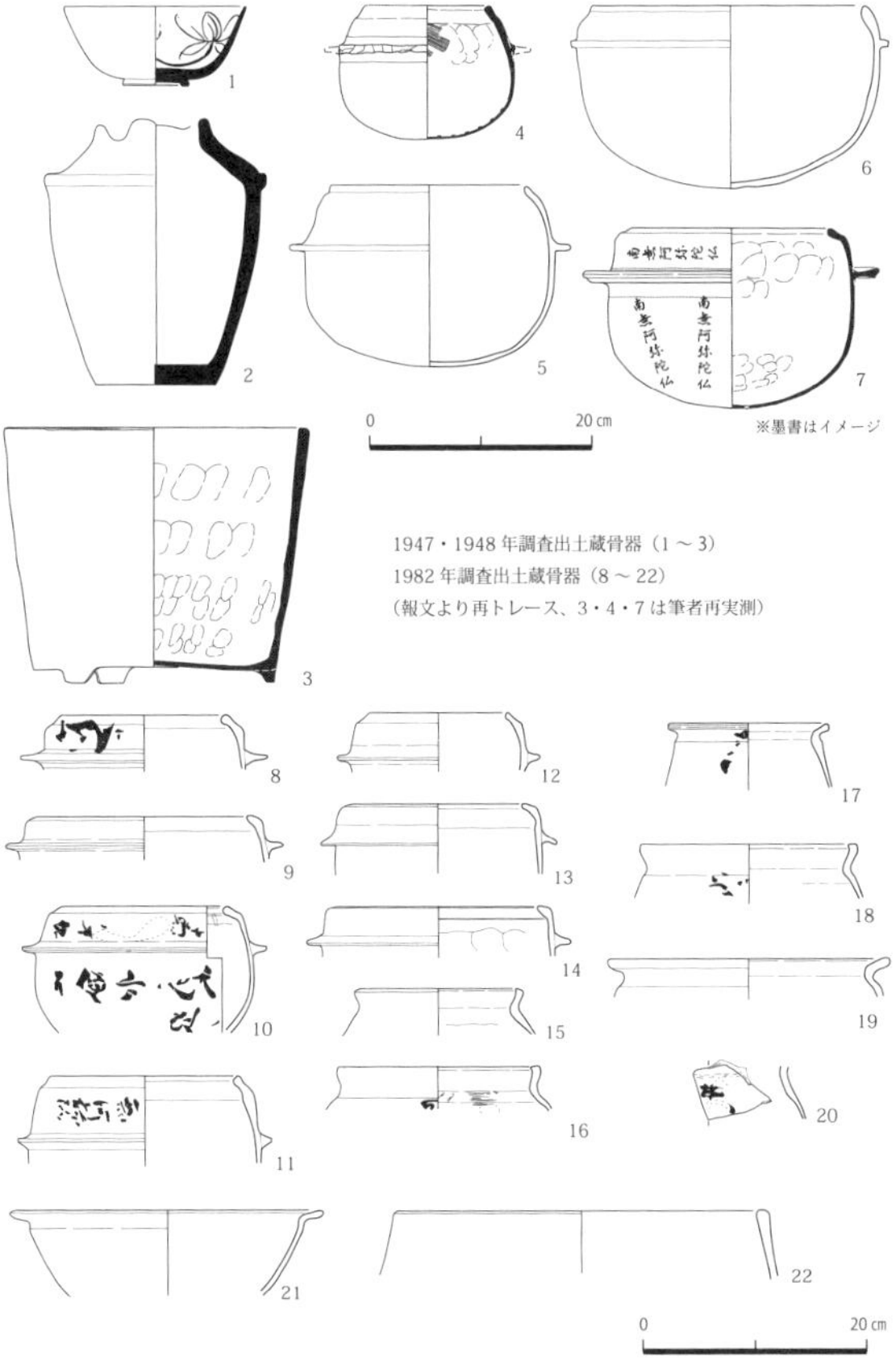

図3　多聞城出土蔵骨器（1）

すが、見てみますとこれらの多くが実は一四世紀とか一五世紀の土器なんです。図示したものは一部平安時代のものがありますが、大半は恐らく一五世紀のものと思われます。四七、四八年の調査で見つかっているものなんですが、これを見ると松永の頃の土器がないんですね。お骨壺に。

同じように、これはちょっと資料を見ることができなかったんですが、宮内庁が持っている聖武天皇陵の東側のところが崩れたときの修理の調査の報告です（松田ほか、一九八四）。これを見てますと、口が内側にきゅっと傾く、内側に入る土器なんですが（図3、8～14）、これは奈良では一五世紀から一六世紀の前半頃の土器になります。一部一四世紀のものもあるんですが、そういったものが主になっている。そして口が外へ向く形の土器（図3、15～19）も、ほとんどが一五世紀の半ばから後半に収まってしまうものなんですね。それから一九八三年に奈良市が掘った資料、これは未報告の資料ですが、やはり口が内側に傾くもの、つまり一五世紀のものばかりなんですね（図4）。

こういうふうに松永が眉間寺の墓地跡を破壊して奈良に対する強権を示したとするには、そもそも骨壺がみんな古いんです。新しい松永と同時期の骨壺はほとんどないという、そういう状況が確認できています。

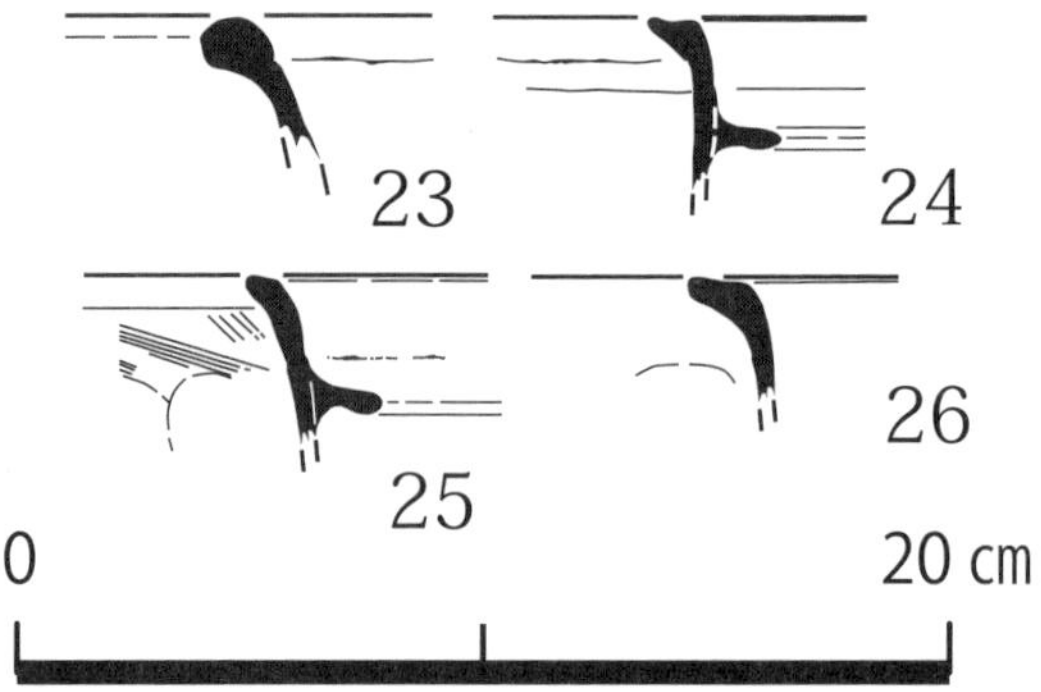

図4　奈良市1983年度調査出土土師器釜（筆者実測）

消えた葬送地の謎

実は多聞城の周りには眉間寺だけでなく、お墓が広く広がっていたようです。鎌倉時代の奈良の西大寺の偉いお坊さん、叡尊さんという方が般若寺でいろいろ活動するんですが、この般若寺というのは、この眉間寺からちょっと離れた、北山十八間戸という有名な施設がありますね、そこから少し北に上がったコスモスで有名なお寺です。叡尊の記した願文にはこのお寺の南辺り一帯が死屍、墳墓がいっぱいあると、死体やお墓がいっぱい広がっていると書かれてます、それから永正元年（一五〇四）『論議草書』の裏書に、この年大飢饉が起こってたくさん人が死んだ記録があります。そこにはこの般若寺から眉間寺のこの間、この辺りが足の踏み場もないぐらい死体が転がってたと書かれています。実際は誇張があります。誇張はありますが一つ言えることというのは、眉間寺だけに留まらない、この辺りにはもっとたくさんお墓があったということであります。でも今探しますと、この辺りにお墓はほとんどない。あるんですけどこんな大きなお墓はないのです。しかも新しいお墓ばっかりで、古い大規模な中世の葬送地がないのです。じゃあ松永がこの辺のお墓も全部壊したのかというと、そういう記録はまったくないわけです。松永は眉間寺の墓地だけを壊してますので、じゃあこの辺りのお墓はどこに行ったんやという話になってくる。先ほどの骨壺の問題も含めて、もっと大きな葬送地があった部分が、松永が入ってくるよりも前の段階ですでになくなってしまっているんだと、だんだん衰退してきたんだと。つまり松永は最後のとどめを刺しただけであって、都市の中が変わってくるなかで、お墓というのはもともと衰退の傾向があったんだと考えることができるわけです。

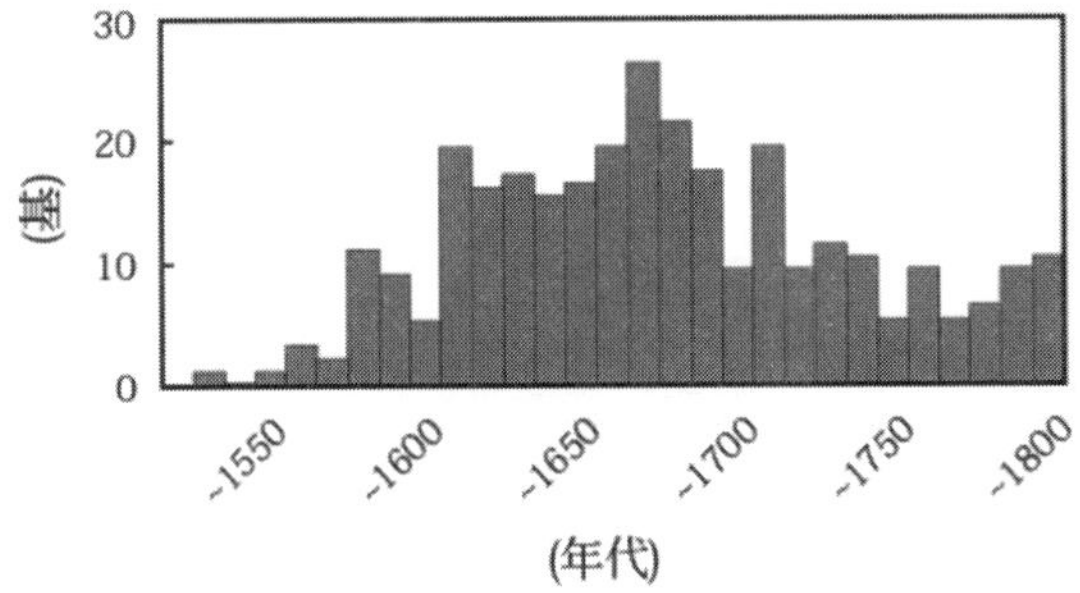

図５　福智院墓地墓標総数の変遷

じゃあそのお墓はどこに行ったかという話なのですが、奈良の町中を歩きますとたくさん小さなお寺があります。浄土宗のお寺が多いのですが、そういった小さなお寺にたくさん墓石があります。お墓を持っている小さなお寺が奈良の中にたくさんあるのですね。もともと中世の頃の奈良というのは、北側に、大きな墓地があった。それから東大寺の北の方にも鎌倉時代から続く大きな墓地がありました。南の方には白毫寺というお寺がありますけれども、その近辺に大きなお墓があって、つまり奈良っていう都市の周りには大規模なお墓がいっぱいあったのです。それが、どこかの段階で町中の小さなお寺のお墓が加わってきているわけです。町中の小さなお寺にたくさんお墓ができるようになってきています。それがいつ頃なのかということを、奈良の町中にある小さなお墓の墓石の年代を調べていきますと、図5は福智院というお寺一カ所だけのサンプル例ですが、だいたい一六世紀、松永が入る直前の一五五〇年頃から、ずーっと数が増えてくる。江戸時代にピークを迎えるわけです。こんなふうに松永が入る前の段階で都市の中にお墓が移り始めているということがわかるわけです。

それから私が実際に勤務していました元興寺も、お寺の中に墓地があった記録があります。これは『大乗院寺社雑事記』というお寺を考える上で一番基本になる古文書ですが、そこの文明六年（一四七四）の「墓地指図」です（図6）。これを見ましても、今の本堂の南側にちょっと広場がありまして、その前のところに墓地が展開している状態が書かれているんです。これを見ましても、やはり一五世紀頃、こういった町中にある元興寺でもお墓が町中に移り始めている状況が確認できるわけです。

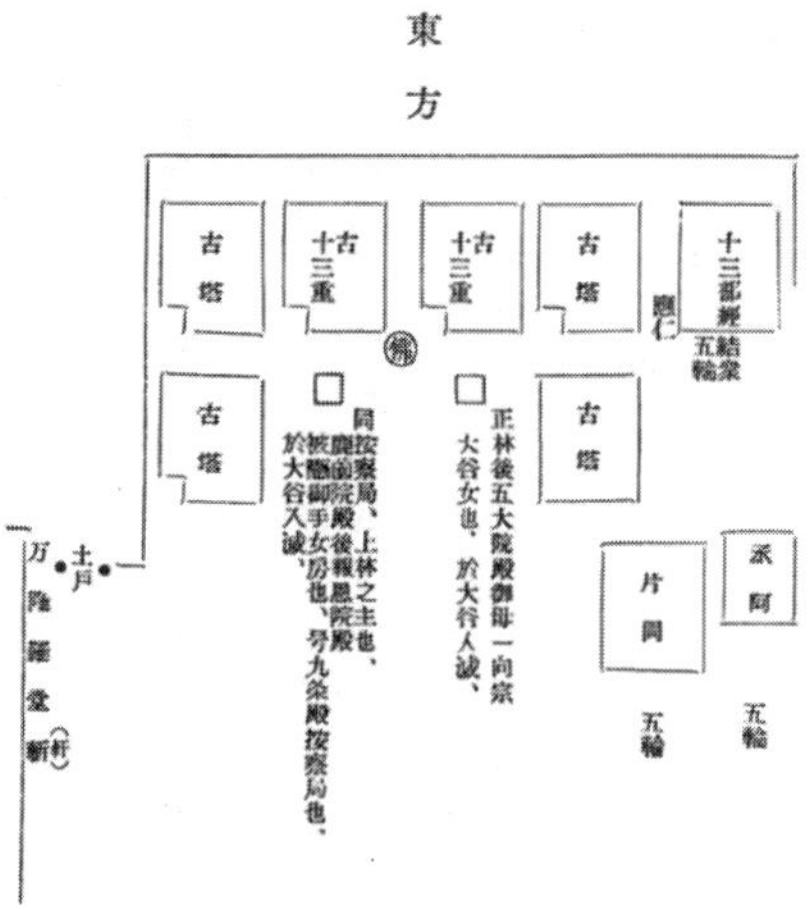

図6　元興寺の墓地（『大乗院寺社雑事記』「元興寺墓地指図」）

そうしますと、今まで言われていた松永久秀による眉間寺墓地の破壊というのが、奈良の伝統的な葬送地を否定する行為と言われていたんですけど、実はそうではなくて、一五世紀以降に奈良の中に近世的な都市の新しい葬地というものが芽生えてくる、それに乗っかった行為であって、松永の都市否定というのが、この事跡をもって言うことはどうもできないだろうと。むしろ今までの墓地解体の延長であって、その最後を飾ったのが松永の眉間寺墓地の破壊であるというふうに考えていいかと思われます。

近世に大きく変わる奈良のまち

私はどちらかというと、都市の景観、都市の風景の中にそういった政権の動きが見えるかどうかというところに興味がありますので、松永久秀が非常に壮麗な多聞城を造ったとき、それによって本当に東大寺、興福寺といった旧来の寺社勢力が町に対する権益をすべて失ったのか、町が破壊されたのか、町が改変されたのかどうか、そういったところを考えてみたいと思います。

中世の奈良からその後の近世の奈良、これに変わるときに大きく変わる場所が一カ所あります。一つは元興寺の旧境内。もともと元興寺というのは大きなお寺ですので、その大きなお寺の伽藍、これが町に変わってしまうんですね。それから東大寺の西側、多聞城に行くときに通る道路がありますが、ここは今、両側に町ができてます。この両側の町がいつからできるのかというところも、実は近世には変わっているんですが、中世はそうではないと考えられます。その辺を少し見てみたいと思います。

元興寺の旧境内は今、「ならまち」として賑わっている場所です。今こういった形でぎちぎちの町になってます。元興寺は今、元興寺の塔があった華厳宗元興寺さんと小塔院さんという小さなお堂と、それから真言律宗元興寺、この三つになっているんですけれどもね、図7は昔の、古代の元興寺を今の地図に落としたものです。これを見ると、三つの寺院のこの間がすべて町家になってます。普通の町の形になってますが、『小五月郷指図』など中世の絵図を見ているとどうも一六世紀頃まで

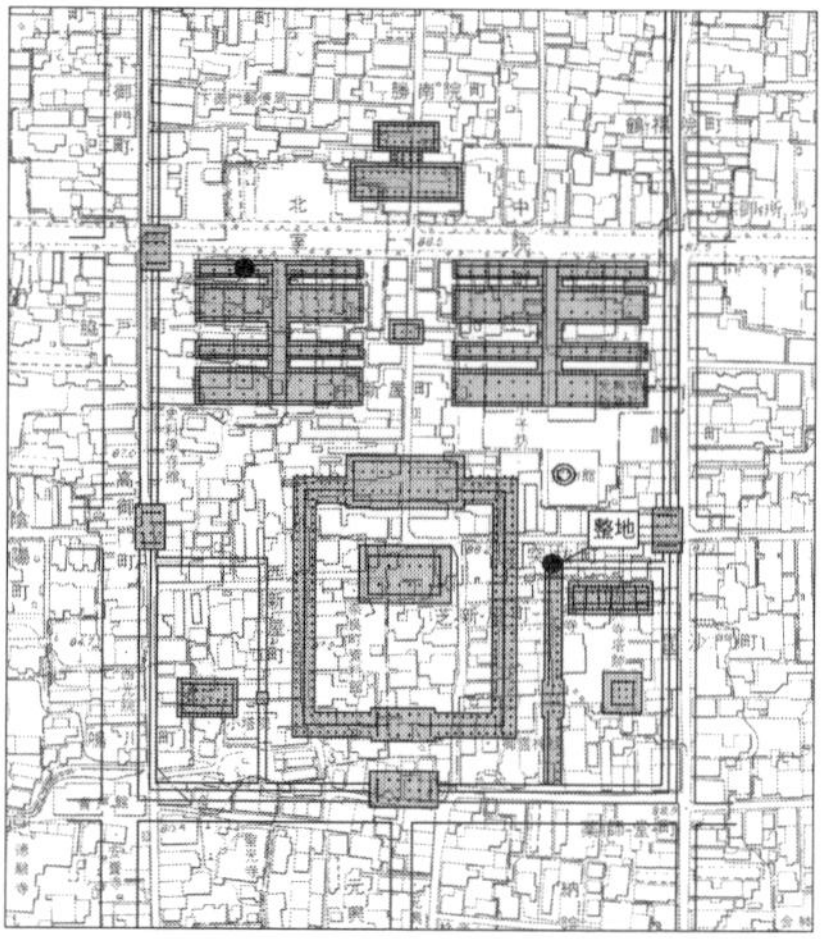

図7　元興寺旧境内16世紀前半～半ばの遺構

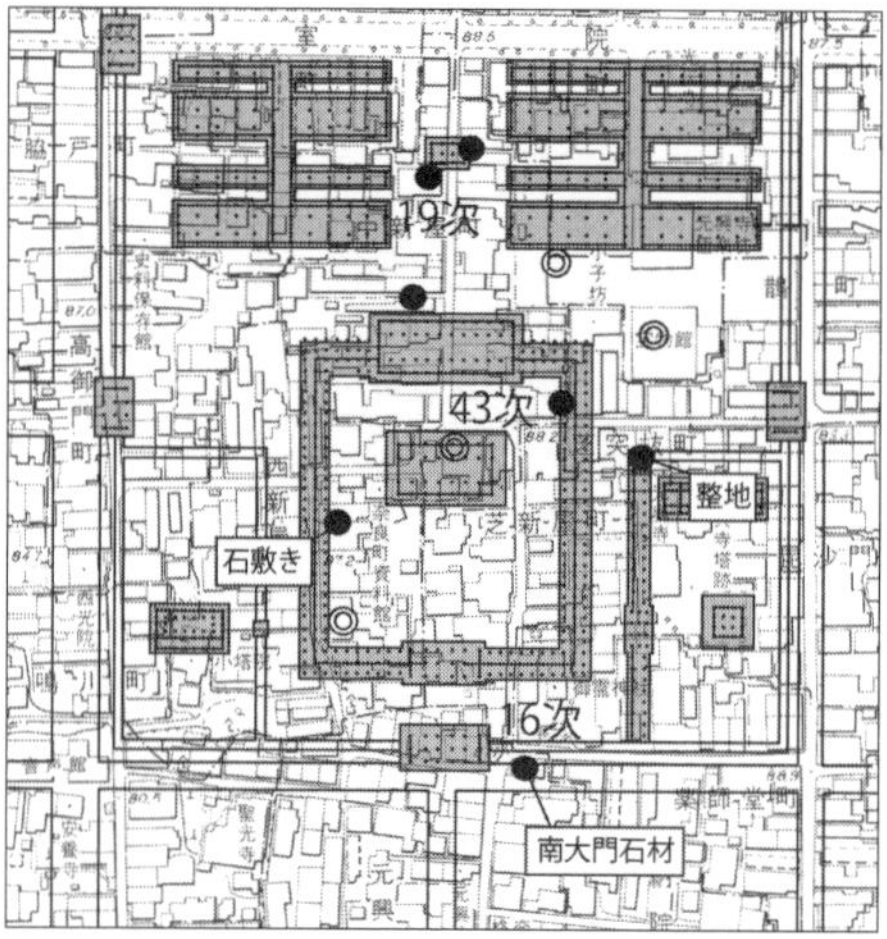

図8　元興寺旧境内16世紀後半の遺構

は伽藍の絵が描かれているんですね。建物はなくなってますが、一六世紀代には町になっているという記録は実はほとんどないんです。

　実際にここでたくさん行われている発掘調査をピックアップして、一個一個いつ頃の遺構が見つかっているかということを落としてみました（図7―9）。そうしますと一六世紀の半ば以前、一五五〇年より前というのはほとんど遺構がないんです。ましてや人が井戸を掘ったりとか、そういう町に伴う遺構というのは皆無な状態になってまいります。それが一六世紀の後半頃になってきますと、一五五〇年から一六〇〇年までの間に遺構が急に増えてくる。どうもその辺りで今見ているような町の景観ができてくる。つまりそれまでの場所というのは、恐らく、結論から言いますと興福寺の六方衆というのが、町を開発していく権利を握っています（幡鎌、二〇〇六）。ですから勝手な開発を許さないんですね。その勝手な開発を許さない規制力というのが、一六世紀の後半のどこかで失われた結果、町に変わってしまうということになります。

　江戸時代になりますと、さらにいっぱい遺構が出てくるのと、旧元興寺も大きな礎石、これを横に穴を掘ってよいしょ

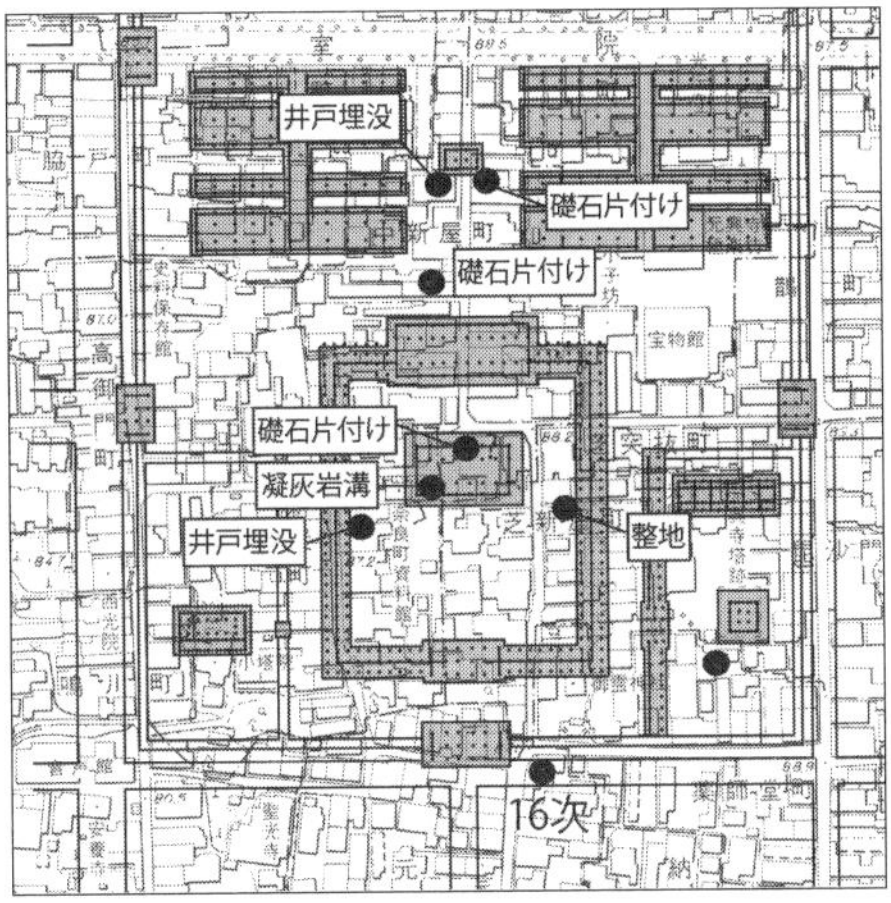

図9　元興寺旧境内16世紀末～17世紀初頭の遺構

と落とし込んで埋めてしまうんですね。こういった徹底した伽藍の破壊行為、まあ否定行為というのが行われるということになってきます。じゃあ問題になってくるのはそういった、とくに一六世紀の後半頃、町が出現し始めるのはいったいいつに絞れるかというところ。これに関しましては、なかなか資料がないので難しいんですが、今まで見つかっている遺跡の土器、これをちょっと細かく細かく実際に図面をとって見てみるわけです。そうしますと結論からいいますと、町が完成されてくる、元興寺の伽藍の域の中が町になってくるのは松永より後であるということが分かったわけなんです。一六世紀の第4四半期、松永が死んだ後に、実際には町になってくる。つまり松永段階では、まだこの元興寺の中をいわゆる六方衆と呼ばれてます興福寺の下部組織、これが開発権を握っていた、その開発権というのを完全に否定できていないというふうに理解していいかと思います。それをやってしまうのはやはり、織田政権が直接支配に入った後の現象ということになってまいります。ここら辺は少し細かい話になります。

それから、中世から近世に奈良の町が大きく変わるときに変わった場所をもう一カ所見てみたいと思います。これは東大寺の門前地域です。東大寺西面に京街道と呼ばれた大きな道があります。この道路を実際歩きますと、この両側が両側町になっているんですね。今小路町という町名になってます。この周辺地域は平城京時代の古い地割をよく残しています。

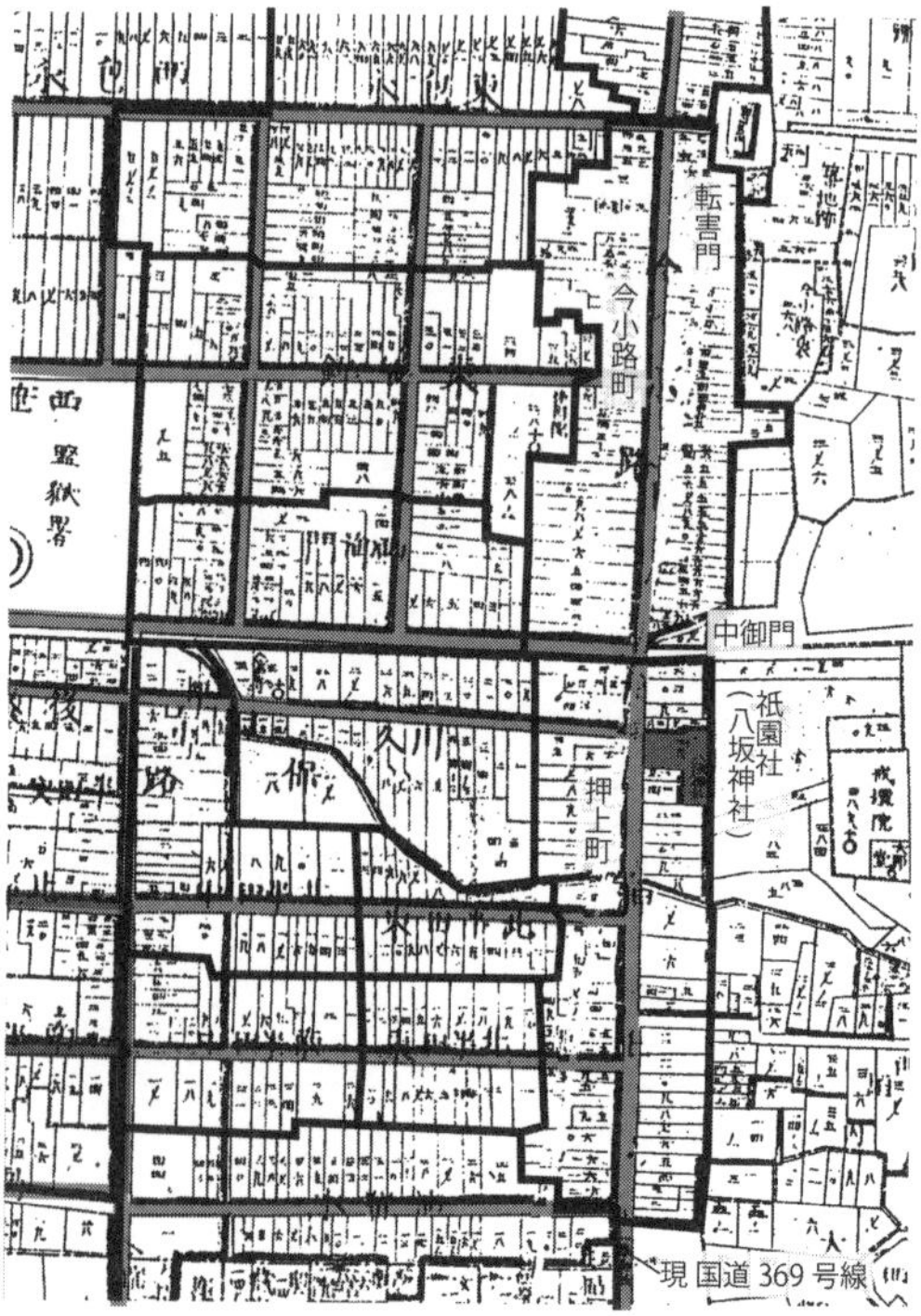

図 10　東大寺西側街区の町割り

平城京の道路の跡そのまま地割が使われているんですが、この東西の道路に対して南北方向に非常に間口が狭くて奥行きが深い地割があります。この地割の成立は、発掘調査の成果では一二世紀頃にはできていると考えられてまして京街道から西側のこの地域に関しては、非常に古い町の形をそのまま踏襲しているんだというふうに考えられます。そういったところに、京街道沿いだけはちょっと異質な感じで両側町が展開するんですね、そういった部分があります。

町ができる以前の中世的空間

じゃあ、この道路から東側の部分がいつ頃町になったかということ、そしてそれが町になる意味とは何なのかということを少し見てみたいと思います。図11は東大寺の西面の大垣の調査です（奈良県立橿原考古学研究所、一九七七）。ちょうど転害門のちょっと南で行われた調査です。東大寺の一番西面の大垣なんですが、築地があり転害門と繋がっています。ここで発掘調査が行われてい

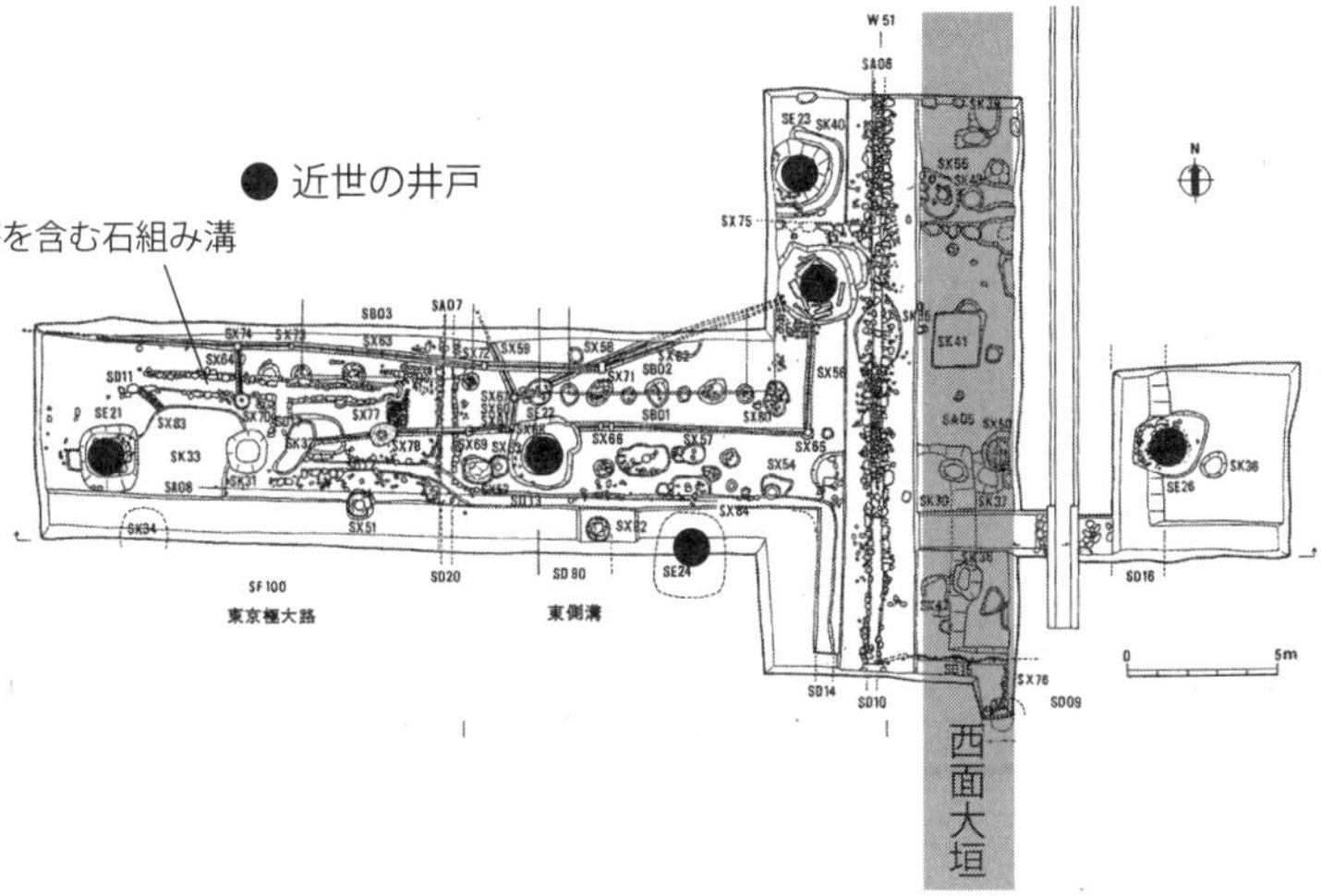

図11　東大寺西面大垣の調査（橿考研1976年度を加筆修正）

ます。ずいぶん古い調査なので、ちょっと正式な報告がまだ出ていませんので、はっきりわからない部分があるんですが、これ見てますとまず、平安時代の遺構として東大寺の西側の大垣、大きな垣根の一番基礎の部分が見つかっているんですね。そして奈良時代の平城京の一番東の端っこの道路、東七坊大路と呼ばれる東京極大路の痕跡、道側溝が見つかっているんですね。ということは奈良時代は調査の西半分が道路だということになります。つまり、ここはもともと道路があってそして少し余剰帯を残して東大寺の大垣があるという非常にシンプルな形だったということになります。それがいつしか変わっていくんですけれども、少し後の時代、時代はよく分かりませんけれど「中世の石塔を含む石組み溝」という書かれ方をしていますので、恐らく室町時代だと思われますが、東西方向の溝が出現します。溝が出てくるんだからここが町になったのは中世やと考えるかもしれませんが、実はそうではないんですね。ここでは、実は深い井戸がいくつも掘られてます。井戸があるということは、要は町になっている、家が建っていると確実に言えるわけですが、この井戸が全部江戸時代なんです。ということは、中世の頃は井戸がない家だったのか、そんなことはあるわけがなくて、他の所では中世の井戸はいっぱいでてきます。だから、中世の頃のこの場所は溝を掘ったりして使っているんだけど、家にはなってないということなんですね。本格的にここに家が建ち始めるのは江戸時代以降であるということが、この井戸の分布が示しているんだというふうに考えられます。

ちょっとまとめてみますけれども、中世の頃はこんなふうに何か使っているけれども家が建ってないという変な空間だったということになります。この変な空間が江戸時代に急に町に変わったということになります。じゃあ、この変な空間がいったい何かということなんですが、実はこの空間はずっと南にも続いていて、南の方には祇園祭の祇園社があったんですね。奈良で祇園祭やったときの一番中心になった祇園社があったわけです。これは南北朝時代一三三八年に勧請されたことがわかっていますので、その頃には確実に道路にはなってないということになります。道路にはなってないんですが、この祇園社の周りは、要は家にはなっていないということになりますね。

その意味がわかる記録があります。それは何かと言いますと、『大乗院寺社雑事記』という先ほど申しました基本文献の中に、明応三年（一四九六）六月一四日、祇園祭が行われるんですが、このときに山車がずっと巡回して回って行きます。大和のいろんな国人が我を競って、どんどん競い合って山車を出すんですね。この山車の列が南から北へ道路を歩いて行く際に、中御門に差し掛かったとき、東大寺の桟敷に向かって東に向くか、六方衆に向かって南に向くか、ここで喧嘩になっているんです。つまり、この道路を山車がずっと回って行くときに、東を向いて東大寺のお坊さんに挨拶するか、辰巳の方向を向いて興福寺のお坊さんに挨拶するかで喧嘩になっているということなんです。どういうことかというと、この空間は江戸時代には町になるんですが、町になる前は、興福寺のお坊さんや東大寺のお坊さんといった奈良を代表する中世権力の人々がここに桟敷を構える特別な場所だったということになります。これは中世的な権益まさにそのままでして、先ほどの元興寺と一緒で、中世的な理屈に守られている町の権益、これが近世にならないと町屋化していかない、開放されないということ。松永段階ではまだこれが開放されていないということを示しているというふうに考えられます。

多聞城とは、何であったのか

先ほど申しましたように東大寺の寺辺というのは寺社祭礼の際に、寺のお坊さんなど関係者のための空地であった、空間であったということです。元興寺に関しましても小郷の開発は六方衆が関わっていたということで、簡単には町にできなかったところ、これが近世になって初めて町になるんですね。それから先ほどの桟敷を構えていたんじゃないかという空閑地なんですが、実は中世の興福寺では、「大犯三カ条」という決まりがあります。これは何かと言いますと、僧侶に対して犯罪をした場合、それから「神鹿」、鹿に対して危害を加えた場合、それから児子に対して悪いことをした場合、この三つの罪は普通の罪では許しませんよという記録があります。それをした連中はどうなるかと言いますと、「大垣回し」という刑罰があります。寺社の周りの大垣、つまり築地のところをぐるぐる引き回して殺すという、そういった処刑の仕方をしているわけです。

この三つというのは春日社に対する罪なんです。当然、春日の神鹿を殺したらあかん。当時は興福寺と春日社というのは一体になっていますので、お坊さんというのは春日社にも関わる、それをやったらあかんということ。それから児子というのは神様であると、子供は大人の社会に入る前は神様ですんで、いずれも春日神に対する罪だというふうに考えられていて、それを現実世界で裁くのは興福寺であるということがあります。

そういったことで非常に、先ほど申しました桟敷の並ぶ空間というのは、そういった特別な罪を裁くところ、つまり中世興福寺の非常に強い象徴的な空間であるということです。ですので、これを松永段階では手が付けられていないということが、一つの重要なポイントになってくるわけです。

以上のことから考えますと、松永が奈良を終わらせた破壊者であったというイメージ、これはかなり再考が必要なんではないかというふうに考えられるわけです。つまり、松永段階では、逆に寺社に対して強権がふるいきれていない。もちろん制度的なところ、また実際の運用面いろんな法令等々の運用の部分では、恐らくいろんな試みを始めているんだと思います。ただ根本的な土地の権益でとか、そういった景観に影響を与えるような部分というのは、手を付けていないということになるんですね。

そうしますとこの問題、実は多聞城の城下町の問題につながってまいります。多聞城の城下町というのは、実はいろいろ説がありまして、多聞城のすぐ下、佐保川との間の狭い空間、そこに家臣団を配置して、それから法連町に市を立ててるという記録がありますので、若干広い範囲で市を持つような範囲、そこが多聞城の城下町であるというのが見方として主流なのですが、実は東大寺の門前地域、この辺り一帯まで多聞城の城下町が広がっていたんじゃないかという意見があるんです。

今までの私のお話しからしますと、こういう奈良の町を、先ほどの小牧山城みたいに城下町として再編成したというのは、恐らくは考えられないだろうと。むしろもっと限定された形、松永久秀が直接景観に影響を与えられた部分というのは、本当にこの多聞城の裾野の部分、ごくわずかではなかったかということになってまいります。

そうしますと、中世の奈良を実際に解体したのはどうなってくるか、松永では恐らくないだろうということになってくる。そうしますとやはり一番ポイントになってきますのは、織田・豊臣時代ということになってまいります。織田氏が奈良を直接支配に乗り出した、多聞城廃絶以降、天正五年の多聞城の破却以降の段階で奈良の形が変わってくる。恐らくそれよりももう少し後、一番考えられるのは豊臣から徳川の初期に、恐らく奈良の中世というのは本当に終わって行くんだろうというふうに考えられるわけであります。逆に言いますと、多聞城の段階で実験的にといいますか、奈良に対する支配力を及ぼそうとして、それが実現しなかったことも含めて、郡山城という形でまったく違うところに拠点を作るという姿が出来上がってくるということも、可能性として考えられるかなと思います。

で、問題になってきますのは、いまお話ししたような話っていうのは、多聞城がすごく壮麗で立派だったというそういった記述と、相反するイメージになってくるんですね。私は相反することとは思いません。どういうことかというと、逆に直接支配権が確立できなかったが故に、自己を飾り立てた、という反作用の結果と見ることもできます。と申しますのは、一番冒頭にいいましたように、それまで奈良の調停者として機能していた興福寺、これが内部で大和の国人とそれから外部勢力によってズタズタに分断されていく、そういった中でとくに大和の郷民にとっては安全保障というのはどこに求められたのか。それは恐らく多聞城に代表されます新しい権力、ここに求められたのではないでしょうか。

先ほど小野先生のお話の中で、視覚的な城というご意見が出ました。これは恐らく多聞城にも当てはまるんではないかなというふうに思っています。多聞城の機能というのは、城郭であったというふうに考えるよりも、むしろ政庁であったと見るべきだと考えられるわけです。これは既に福島克彦さん等々の研究者によりまして、多聞城の政庁的な機能、つまり政治をする場、本当の意味での政治をする場である機能というふうな側面が強調されていますので（福島、二〇〇四）、そういった新しい、まったくこれまで奈良になかった、奈良に新しい安定をもたらす政治的な場、これが、奈良の人みんなが見える山の上に築かれる。ましてやそれが、これまでになかったような革新性を持った、まったく新しい装いを持っている。その視覚的な効果というのは、恐らく今の我々が考える以上のものがあったのではないかと、いうふうに考えられるわけです。

そういったものを、装置として使う必要が恐らく松永政権にはあった。むしろそういったものを使わないと、なかなかコントロールが難しかった。当然、新しく外からアウェーで入ってくるわけですので、そういった部分をとくに気をつかって造ったのが多聞城であったのかと、いうふうなことを私は現在考えています。ただ、残念ながら、冒頭にも申しましたように多聞城は実際の遺構とか遺物というのが非常に貧弱な状態なんですね。ですから、私が今日お話ししたようなことは、これからもっと細かい市中の調査、それから周辺部の調査というものを通して、まだまだ検証していく余地が大いにあるということがあります。今日は一応、そのイメージとしてその概略をお話しさせていただきました。

主要参考文献

天野忠幸　二〇一八『松永久秀と下剋上』平凡社
高田　徹　二〇〇六「松永久秀の居城—多聞・信貴山城の検討—」『織豊系城郭の成立と大和』大和中世考古学研究会・織豊期城郭研究会
伊達宗泰　一九五八「I　多聞城跡」『奈良県史跡名勝天然記念物調査抄報』第一一輯　奈良県教育委員会
中井公　一九七九『多聞廃城跡発掘調査概要報告』奈良市教育委員会
永島福太郎　一九六三『奈良』吉川弘文館
奈良県立橿原考古学研究所　一九七七「東大寺西面大垣発掘調査概報」『奈良県遺跡調査概報』一九七六年度
幡鎌一弘　二〇〇六「戦国期における興福寺六方と奈良—子院・方・小郷の関係を中心に—」『論集　近世の奈良・東大寺　ザ・グレイト・ブッダ・シンポジウム論集』東大寺
福島克彦　二〇〇四「松永久秀と大和多聞城」『筒井城総合調査報告書』大和郡山市教育委員会・城郭談話会
松田和男・佐藤利秀　一九八四「佐保山東陵山裾崩壊復旧工事箇所の調査」『書陵部紀要』第三五号　宮内庁書陵部

コラム◉

多聞城、その「見せる／見られる」こと

今尾 文昭
［NPO法人東海学センター理事長］

はじめに

前から気に掛かっていた風景がある。近鉄奈良駅から北側の「東向北」と「花芝」の商店街を抜けると、道は突き当たる。角を右手、東に折れる。今は車が一台、通るばかりの小道だが平城京の頃は朱雀門の前から長屋王邸の北側、東大寺の西大門にいたる東西に通じた第一級の条坊道路となる二条大路であった。ほどなく右に曲がると奈良女子大学の正門がある。道はまっすぐに北に延びる。その先の真正面に多聞城が築かれた多聞山が見える（図1）。

奈良女子大学は、近世の奈良町とその周辺、また大和国の民政をも担った奈良奉行所があった場所で、戦国末期の松永久秀が築いた多聞城との高低差のある位置関係を明確に示す風景に歴史的な意味合いがな

図1　奈良女子大学正門（奈良奉行所跡）付近からの多聞山

いものかと、気になっていた。奈良奉行所の設置に先立ちこの辺りに、多聞城の出城となる宿院城が築かれたし、南に興福寺、さらに元興寺、そして東に東大寺がある。

多聞城の「櫓」から、これらの古代や中世以来の国家や寺社権力によって建てられた大型の建物を久秀が、どのような想いで眺めたものかを直に知りたいが、今のところ術がない。しかし、史料にあるとおり南都の寺社や都市民にとって多聞城は、「見られる」存在であった。一方、久秀からすれば、いわば古代と中世が交錯した南都の歴史的空間に新たに「見せる」存在として築いた多聞城であったことも想像に難くない。シンポジウム当日の小野友記子氏の小牧山城の立地選定や佐藤亜聖氏の多聞城と中世奈良の町に対する景観変容への影響との関係や座談会で話題になった「見せる／見られる」存在としての城、わけても多聞城について少し考えたい。

南都に既存した大型建物の地盤高と多聞城

そこで、多聞城と往時、南都に既存する大型建物との高さを比べた図を作成してみた（図2・次頁）。この際、わかりやすいようにめぼしい建物を表示した。もちろん、平城宮大極殿は参考であるし、多聞城はイメージである。

個別の建物の屋根の高さを確定した上で比較することは難しいので、地盤高をもとに示すと興福寺の中金堂付近が標高九五メートル、応永三三年（一四二六）再建の五重塔は五〇メートルあまりの高さとなる。東大寺大仏殿付近は標高一〇五メートル、建久元年（一一九〇）再建の二代目大仏殿は永禄一〇年（一五六七）の焼失までは存在した。一方、多聞山は標高一一五メートルで、史料にある「四階ヤクラ」や「高矢倉」、このうち永禄八年（一五六五）四月に現地を訪れたポルトガル人のイエズス会の修道士ルイス・デ・アルメイダ

図2　南都大型建物地盤の標高比較
（数字は地盤高の目安）

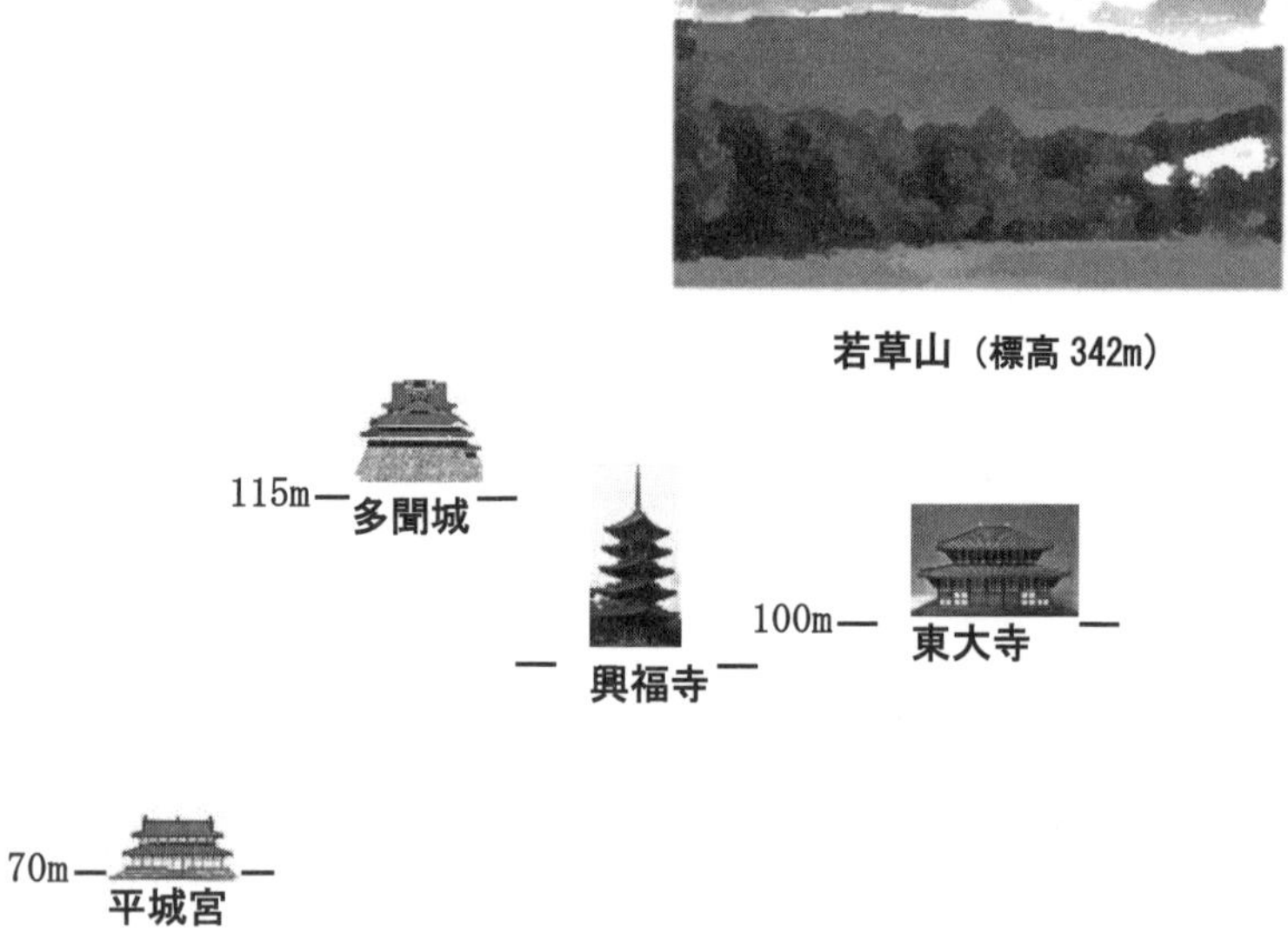

の書簡による表現では「数個の塔」や「家は数階」にあたる恒久的な高層建築物が複数、多聞城には存在したらしい[1]。

図示したように、指呼の間に存在する興福寺や東大寺の地盤高からは、一五メートルほどの高位置に多聞城の主要な建築物が築かれた。高さは現代のマンションの五階建てに相当する。先学は、寺社建築を圧倒する武家による〝魅せる〟城郭の建築を久秀は目論み、成功させたと評価する[2]。

ちなみに多聞城の大手口にあたると見られる奈良市立若草中学校の正門付近から南（図3）、東（図4）の眺望を掲げた。南は奈良県庁屋上が見え、その奥に興福寺の五重塔が望める。東は東大寺の大仏殿の屋根と背景に春日山や若草山が見える。いずれにせよ、多聞城はこれらの大型建物をはじめ、それぞれの境内域、中世の奈良の町を睥睨する「高さ」をあらかじめ持った立地に営まれたこと

図３　若草中学校正門（多聞城大手口）付近からの興福寺

図４　若草中学校正門付近からの東大寺と若草山

は間違いない。

多聞城に関係する地割と平城京条坊、また眉間寺の移転

多聞城の城下町がどの範囲に及ぶものかは、課題である。講演では、佐藤亜聖氏が興福寺を中心に形成されていた中世以来の奈良の景観を久秀が、根本的に変化させたことはなく、小牧山城のような城下町を創出して「見せる」ことはなかったと見解した。

南都の町中には平城京の条坊がもともと施工されており、それを元に中世都市の営みがある。条坊街区の町割への変化や寺院境内の変容に歴史性が示されていることは、多くの論者が認識するところで、多聞城の築城や久秀の奈良進出による町の変化を見極めることは、その歴史評価にかかわる点として重要である（図５）。

多聞城の裾から佐保川以南まで東西に長く北で西に偏する地割および直交する地割が観察でき、ここに家臣団を配置したのではないかと指摘されている。ただし、この範囲は大きくとっても東西四〇〇メートル、南北一五〇メートルの佐保川の流路に沿った部分であり、南は平城京一条大路（佐保路）以北に収まる。そもそも平城京の条坊施工がなされていない土地であった可能性もある。とはいえ、その地割のある範囲は狭小であり、久秀の築城は視覚上に革新性があったが、南都の街区の伝統的景観を根本的に変化させたものではなかったと考える。

これも課題だが、多聞城の縄張りと佐保山南陵（聖武天皇陵）、また眉間寺の関係についてである。従来は多聞城の縄張りが現在の聖武天皇陵を含むとみなされ、久秀の築城により古代以来の聖武天皇陵はその所在を失ったとさえ考えられてきた。確かに、もとの眉間寺の位置は不明であり、聖武天皇陵の陵前の寺院であったとすれば、両者が共に本来の位置や形状を変えたことを前提に、天正五年（一五七七）の多聞城の解体以降に現在の位置に改めて再建されたものと理解できる。

しかしながら、近年の研究では現、聖武天皇陵の南東にある堀切が城域といわば陵域を区分する意味合いを備えているのではないかとする所見が提示されている(3)。また久秀の家臣が眉間寺に石塔を建てるための土地を寄進しており、眉間寺は多聞城の築城に際して、聖武天皇陵の陵前に移築されたのではないかという(4)。

現、聖武天皇陵は、安政年間の様子を描写した山陵絵図（『大和国帝陵図』末永雅雄旧蔵）から本体が古墳時代後期の横穴式石室とみなされること、さらに玄室の奥の天井石が動かされており、奥壁内部が開いた状態で文久修陵を迎えた可能性があることを指摘したことがある。従って、聖武天皇の葬送が火葬か、土葬によるかは判然としないとはいえ奈良時代の聖武天皇陵を絵図が示すそのものであるとは言えず、むしろ古墳とみなすのが妥当とした。もっとも、中世における東大寺の聖武天皇陵に対する関与も史料には明示されてお

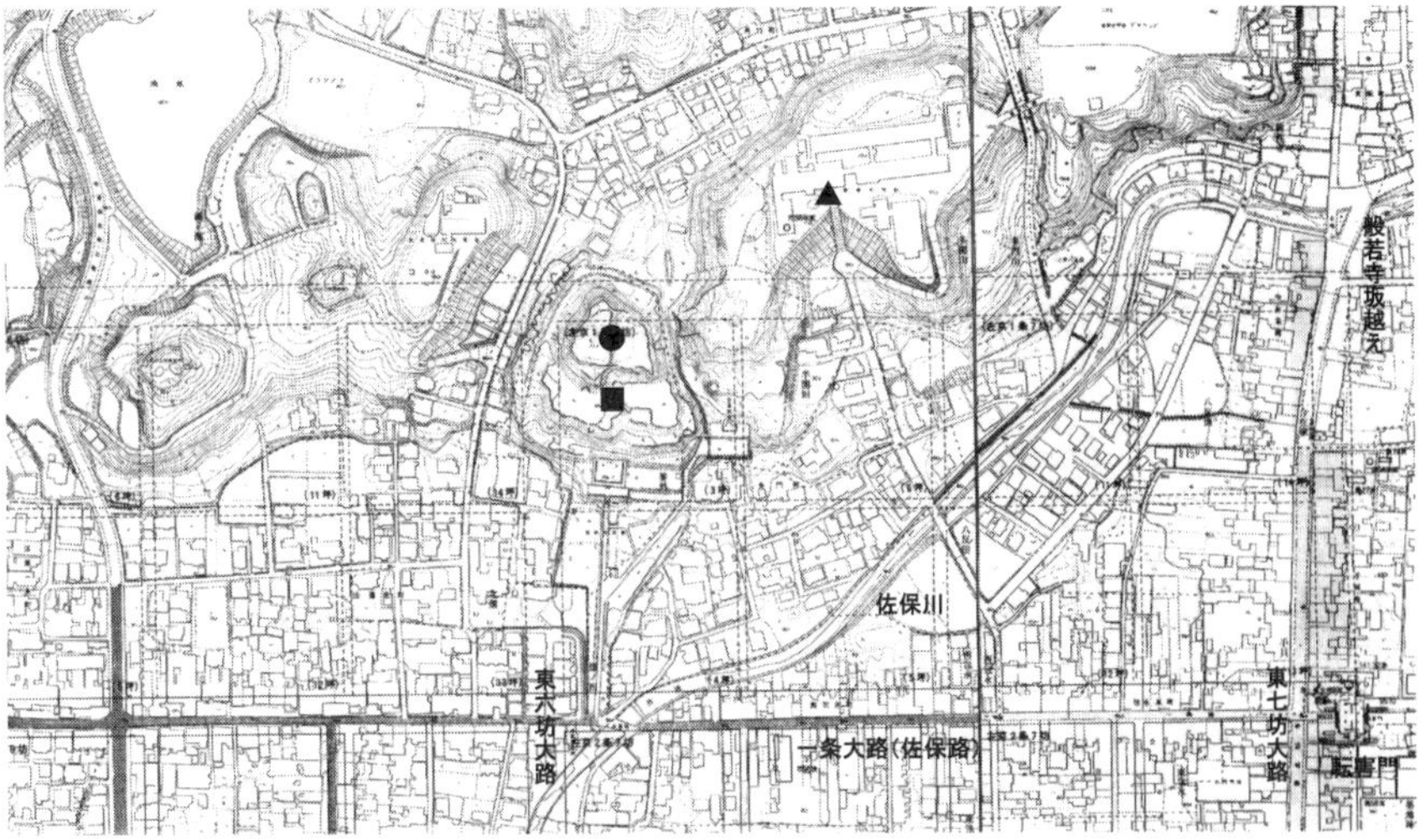

図5 多聞城と周辺地割及び平城京条坊
（▲：多聞城 ●：現、聖武天皇陵 ■：眉間寺跡）

り、陵所が大きく現在地を離れたものと断じることも出来ない(5)。ついては小規模な群集墳に重複して藤原宮子の佐保山西陵、聖武太上天皇の佐保山南陵、光明皇后の佐保山東陵は営まれたとみなすのが妥当とする。

眉間寺は東大寺戒壇院末の律宗寺院として南都の葬送を担う寺(6)であった。多聞城の築造以前、多聞山（眉間寺山）にあった大規模な中世墓地の経営にも関係したものであろう。一方、佐藤氏の研究では多聞城出土の骨蔵器転用の土器類の中心の年代観は、久秀の侵入以前の一五世紀から一六世紀前半にある。多聞城が築かれた一六世紀後半には既に墓地は衰退していたとする。こういった意味からも久秀が奈良の北東辺の風景を「強権」で変貌させたとする従前からの認識は改める必要がある(7)。

先ほどの多聞城の築城時における眉間寺の移転、また墓地経営に関わる微証となる資料をここで紹介しておく。二〇一三年度の宮内庁書陵部による拝所ほかの整備工事の際に、現在の佐保山東陵となる箇所で、一八七九年（明治一二）の治定後に設けられた排水溝（明治二二年工事）が見つかった。その側壁材に使われた石材中のひとつに「天正十三年」（一五八五）の年紀をもつ背光五輪塔が確認されている(8)。手近にあった石造物を排水溝の用材に転用したものだが、この紀年銘の墓標は織田による多聞城の解体直後の年紀であり、眉間寺が移転後も盛期を過ぎたとはいえ、なお小規模ながらも墓地の営みを寺辺に継続した微証となる。

まとめ

多聞城の「見せる／見られる」にかかわり、すでに指摘されてきたことを再確認した。確かに多聞城は南都を睥睨する立地にある。選地は京街道から南都へ入る戦略上の要衝という意味合いが第一義であろうが、実際の視覚上の「見られる」効果と共に、古代以来の歴史的建造物より高位置に存在するという革新的な支配者の精神を「見せる」ことでもあったろう。

一方、平城京の条坊街路と異なり、伝統的な町割りを変更するような地割痕跡は窺えない。東は東七坊大路以西、西は東六坊大路以東、南は一条大路以北に多聞城に関わるとみられる斜行する地割が収まる。先に記したように、そもそも平城京の条坊街路が施工されていない部分（実質の京域外。もちろん陵墓の存在も京域外の添上郡にあることを前提とする）を利用したかもしれない。よって南都の北東隅の狭隘な空間を利用した城下の風景に留まるならば、革新性を「見せる／見られる」ことにはならない。新たな都市計画を伴う城と言えない点は、これまでも多く主張されてきたとおりであり、ここが他所と異なる多聞城の特色になる。

聖武天皇の佐保山南陵も現位置の一帯にあり、多聞城の縄張りから外れたものならば、東大寺の本願御陵は保持され、かつ眉間寺が移転後も墓地の営みを継承していた可能性があるとすれば、久秀の多聞城の築城は、南都の伝統を意図的に破壊したというよりも、伝統の維持を前提に革新との〝調和〟を図ったとも言える。多聞城における「見せる／見られる」上の本当の意図はここにあるか。

考古学成果が充実している城郭でもなく、今後の地道な調査の積み上げに期待を示し、推測の多いこの小文をとじることとする。

注

(1) 福島克彦「大和多聞城と松永・織豊権力」(初出二〇〇二年)、中西裕樹「解題 松永久秀の城郭」ほか(中西裕樹編『松永久秀の城郭』戎光祥出版 二〇二一年)
(2) 天野忠幸『松永久秀と下克上』平凡社 二〇一八年
(3) 高田徹「松永久秀の居城—多聞・信貴山城の検討」(初出二〇〇六年、前掲注1同書)
(4) 前掲注(2)同書
(5) 今尾文昭「天皇陵古墳解説(法蓮北畠古墳)」(森浩一編『天皇陵古墳』大巧社 一九九六年)。今尾文昭『天皇陵古墳を歩く』朝日選書 二〇一八年
(6) 松尾剛次『中世の都市と非人』法蔵館 一九九八年
(7) 中川貴皓「多聞山普請について」(天野忠幸編『戦國遺文』三好氏編 第二巻 月報2 東京堂出版 二〇一四年)に興福寺に対する久秀権力の限界が都市内部に築城できなかった多聞城の選地に示されていると指摘する。福島克彦「大和多聞城研究の成果と課題」(天野忠幸編『松永久秀』宮帯出版社 二〇一七年)
(8) 有馬伸「聖武天皇佐保山南陵及び皇后天平応真仁正皇太后佐保山東陵御拝所その他整備工事に伴う調査」『書陵部紀要〔陵墓篇〕』第六六号 二〇一四年

図出典

・図1・3・4は筆者撮影
・図2は筆者作成(一部、加工)
・図5は文化財研究所奈良文化財研究所『平城京条坊総合地図』二〇〇三年の「法蓮」・「東大寺(一)」を下図に筆者作成

〈寄稿〉

文化財をめぐる名古屋城歩き

――歴史遺産の宝庫・名古屋城

木村 有作
（愛知県埋蔵文化財調査センター、元名古屋市学芸員）

江戸時代初頭の慶長一五年（一六一〇）名古屋城の築城がはじまった。その前年に江戸幕府の開設者・徳川家康によって築城の命が発せられ、北国・西国外様二十大名家による石垣普請（現代の基礎土木工事にあたる）を皮切りに、慶長一七年（一六一二）には主要建物の作事（現代の建築工事）のほぼ完成をみるという、当時の最高水準の技術力とのべ二十万人ともいわれる膨大な労働力により、きわめて短期間に集中して築かれた。城郭としての完成度の高さは、一六世紀後半期に急速に発展した日本の城郭を代表と評価される。

三の丸1丁目交差点歩道橋からの大天守、手前に加藤清正公銅像

対豊臣勢力という具体的な軍事目的をもって計画された名古屋城は、やがて江戸幕府の安定とともに、徳川御三家の筆頭・尾張徳川家の居城および藩政の中心としての役割をはたしていくことになる。その後明治維新をむかえるまで、御殿や庭園など平和な時代ならではの改修や整備が続けられた。

明治時代から現代にかけて、政治・社会の変革とともに軍隊駐留や戦争被災により、かつて国宝とされていた近世・名古屋城の多くの貴重な文化財を失うことになった。しかし、のこされた美術品や建物が重要文化財に指定され、城郭の主要部分は特別史跡や名勝として保護されている。古いものが簡単に失われてゆく現代において、「歴史遺産の宝庫」として今一度見直してみたいと思う。

まずは、「特別史跡 名古屋城跡」とは何か

名古屋城においては、その主要部分である、本丸・二之丸・西之丸・御深井丸と、三之丸外堀部分が国の特別史跡に指定されている。特別史跡は、遺跡という文化財のジャンルにおいての重要なものとして選ばれた一七九五件の史跡のうちとくにたぐいないものとして厳選された国宝にあたる存在であり、六二件のみが指定されている（二〇二一年段階）。

特別史跡に指定される要素としては、築城の由来や経緯が明確なことや、明治以降に多く改変を受けつつも、築城時の縄張りや石垣などの遺構がよく残されていることが大きな要因になっていると思われる。城つくりの全体計画である縄張《なわばり》は、長大な石垣・広い水堀など近世の平城の特徴をよく伝えている。近世城郭のひとつの完成形として高く評価されている。

残された石垣遺構は全長八キロメートルを超え、石垣遺構は特別史

特別史跡名古屋城跡

○城郭全体のうち、
本丸・西之丸・御深井丸・二之丸（未告示分）
347,267㎡
三之丸外堀部分の　138,743㎡
計486,010㎡が史跡範囲。
○昭和27年（1952）指定。昭和52年（1977）に、追加指定を国文化財審議委員会に答申。（未告示分＝「二之丸」部分）

跡を構成する重要な構成要素になっている。西日本の近世初頭の城郭は多くは主要部分が石垣で構成されており、代表的な城郭として名古屋城が位置付けられる。

名古屋城の石垣は、西国二十大名による公議普請により築かれている。公議普請は、時の権力者による大規模な築城工事であり、徳川初期政権下においては江戸城・大阪城をはじめ一五件程度が行われている。石垣の高さは、三メートルから一二メートルまでの高さの石垣が多い。平城という性格上からみて、約二〇メートルという天守台以外には、ぬきんでて迫力を感じる場所は少ない。しかも、ほとんどが堀（空堀・水堀をあわせ）を隔てての観察であり、真下から観察できる場所はない。したがって、名古屋城の石垣の迫力と実態を体感できる場所がないというのが現実でもある。

北側の水堀に面した石垣は直線的ではなく、屈曲部（隅角部）がいくつも連ねたラインとなっている。本来防御のための工夫であるが、巨大城郭としての雄大な景観をつくっている。

石垣は本来、塀や櫓などの建造物の基礎である。現在、本丸や二之丸・西之丸・御深井丸などの石垣上には、多門櫓などの礎石が露出している部分がある。

大天守台石垣北東角。中央付近「加藤肥後守　内小代下総」刻印

大天守台石垣。東壁。文字・紋様のどちらも「わだ」を表す

名古屋城には、本来の天守（大天守・小天守）のほか、隅櫓（本丸三棟、二之丸四棟、西之丸二棟、御深井丸二棟）があり、明治以降の破却や戦災によって三棟のみを残し多くが失われている。また名古屋城の特色の一つとして、本

城内最大面積の巨石は、現在「清正石」として呼称されている。しかし実際は黒田家丁場である本丸東枡形内の見附に据えられている

本丸搦手馬出北東出角。2003年から続く解体修理。2023年から積み直しが始まる。（写真に写る裏栗石は、工事中の状況。2019年撮影）

丸の周囲や二之丸の桝形周辺、西之丸の南側などに、一重の多門櫓が建てられていたことがあげられる。

名古屋城には、城郭内への出入口である「虎口」（本丸三か所、二之丸二か所、西之丸一か所、三之丸五か所）がある。

石垣は、主に割り石を用いて築かれており、隅角部は長方形に成形された大型の石材を算木積みにするなど、高い土木技術がみられる。石垣修復工事の解体工事にともなう発掘調査を実施することで、伝統的工法の技術に関する情報を得ることができる。名古屋城石垣の特色のひとつは、石材を周辺や遠隔地から集めてきていることである。愛知県北部や三河湾岸の花崗岩類や、岐阜西部から南西部にかけての砂岩類のほか、現在の三重県尾鷲周辺や

重要文化財

［絵画］ 焼失を免れた障壁画1049面のうち、1047面が国の重要文化財として指定されている。［内訳］襖絵189面・杉戸絵66面・障子腰貼り絵76面・天袋絵16面・天井板絵700面。（未指定は、障子腰貼り絵2面）

［建築物］ 東南隅櫓、西南隅櫓、北西隅櫓、本丸表二之門［昭和25年（1950）指定、旧国宝指定は昭和5年（1930）］。二之丸大手二之門、旧二之丸東二之門［昭和50年（1975）指定］

三之丸北東部土塁。三之丸は枡形虎口などを除けば大半は土塁で囲まれている

遠くは瀬戸内海や北部九州まで石材が運ばれた。普請する公議普請や短い工期が原因と思われる。よく注目を集める、石垣に刻まれた刻印（文字・刻様など）も、あわただしい築城の様子をよく伝えている。

三之丸を取り囲む土塁と堀は、名古屋城で最も外側の防御施設である。城門付近は一部石垣が築かれている。多くは土塁であるが、堀底からは一〇メートルを越える要害となっている。

重要文化財について

本丸御殿障壁画

近世城郭としてはきわめて良好に保存されていた名古屋城は、昭和二〇年（一九四五）の戦災により、天守・御殿・櫓門などの貴重な建築物を焼失した。御殿を彩っていた美術工芸品のうち、襖・杉戸・障子・天袋など取り外しができたものは、被災による文化財の消失を懸念した文化財保護関係者（小栗鐵次郎氏など）の尽力によって、城内の倉庫や櫓などの保管されていたため焼失を免れている。

江戸幕府御用絵師の家として近世絵画の代表的流派である狩野派の作品と考えられている。御殿の主要な建築時期が二期あるため、障壁画作成の主要メンバーも各時期に分かれる。

本丸御殿障壁画は、令和三年度に開館した西の丸御蔵城宝館に収納され、企画展等を中心に部分公開されている。また復原された御殿には、一九九二年から着手されてきた復原模写が飾られ、建築当時の色彩を現在に伝えてくれている。

東南隅櫓／2021年の金鯱地上展示（二の丸広場）風景。たまたまの逆さ櫓

西南隅櫓／修復工事後の漆喰壁が白く光る

東南隅櫓・西南隅櫓・西北隅櫓

東南隅櫓は、外観二重・内部三階の大型隅櫓。創建当時の姿を伝え、鬼瓦などに葵紋がみられる。

西南隅櫓は、同じく外観二重・内部三階の大型隅櫓。風水害による石垣崩落に伴い大きな被害を受け、大正一二年（一九二三）に当時離宮として名古屋城を管理していた宮内省により修復され、骨組みは木造のまま壁がモルタル作りに変更されていた。その後、建物地盤の沈下がみられたことなどから、平成二七年（二〇一五）に修理工事が完成し、その際大正期のモルタル壁が漆喰壁に戻された。

西北隅櫓は、城の北西部・御深井丸にある。三重三階建ての大型櫓で、中小規模の城郭ならば天守級の櫓である。墨書により元和五年（一六一九）に建てられたことが判っている。旧名称は、「御深井丸戌《いぬ》亥《い》隅御櫓」、「三階御櫓」、「清須櫓」がある。「清洲櫓」の別称

西北隅櫓／北から西を囲む御深井大堀は唯一の水堀

については、清須城から移築されたという伝承が『金城温古録』の中に記されている。昭和三八年の解体修理によれば、古材の転用が指摘される一方、移築の可能性は低いとされる。期間を定め公開されている。

表二之門・二之丸大手二之門・本丸東二之門（旧・二之丸東二之門）

いずれも高麗門形式の門で、近世初頭の城門の特色がよく残る。名古屋城の特色のひとつである、枡形《ますがた》の外側の門である。枡形は、城の各曲輪の出入り口である虎口《こぐち》を厳重に石垣や土塁で囲った中の四角形の広場を指す。本来は、一之門として櫓門がセットになっており、名古屋城では明治期の棄却や空襲により、櫓門はすべて失われている。

名古屋離宮と重要文化財建物の呼び方について

名古屋城本丸・西之丸・御深井丸は、明治25年までは陸軍の管理下にあり、以降は「名古屋離宮」として昭和5年まで宮内省に管轄されていた。戦前法令下の国宝に指定されたのは、名古屋市に管理移管された直後のことであり、各建物などの呼び方は、離宮時代のものが適用されたものと思われる。実は、現在私たちがみている名古屋城の景観は、名古屋離宮として整備しなおされた姿である。

藩政期の建物をはじめ名古屋城各所の名称については、奥村得義著の『金城温古録』が基準になろう。温古録によれば東南隅櫓＝本丸辰巳《たつみ》隅櫓 、西南隅櫓＝本丸未申《ひつじさる》隅櫓、北西隅櫓＝御深井丸戌亥《いぬい》隅櫓（別称として「三階御櫓」・「清須櫓」）、本丸表二之門＝本丸南二之門とよばれていた。

二之丸大手二之門／高麗門形式。屋根瓦修理時の姿。二之丸大手二之門は西鉄（にしくろがね）門枡形とも呼ばれる

表二之門は、築城当時のものといわれる門脇の付塀が残る。現状は、瓦の割れ等も含め、全体的に傷みがすすんでいるため、修理が計画されている。現在は失われている内側の昇降用の階段である雁木《がんぎ》の復元も検討されている。

二之丸大手二之門は、三之丸から二之丸へ入る二つの桝形のうち大手（正面）にあたる西鉄門《にしくろがねもん》桝形の外側の門である。旧二之丸東二之門と同じく、県体育館（現・ドルフィンズアリーナ）の建設に伴い昭和三八年（一九六三）に一旦解体された後、昭和四七年（一九七二）に元の位置に復元された。

旧二之丸東二之門は、県体育館建設に伴い昭和四七年に、現在の本丸東枡形の二之門跡に移築された。その後、傾きがみられるなど、傷みがすすんでいたため、平成二五年度に修理されている。

国名勝　名古屋城二之丸庭園

元和年間（一六一五～二三）に、二之丸御殿と伴い初代藩主・義直により造営された庭園にはじまる。当初は義直好みの儒教的色彩の濃い池泉庭であったといわれ、四達堂・金声玉振閣《きんせいぎょくしんかく》・祠堂《しどう》・逐《ちく》涼閣《りょうかく》・迎涼閣《げいりょうかく》など中国の明様式調の建物で囲まれた、儒教風の別世界（仙界・理想郷）が創出されていた。

その後、度々改修され回遊式庭園になる。一〇代・斉朝（一八〇〇～一八二六治世）の文政五（一八二

北御庭の核心部。池の周りの滝組みや護岸石組みは、江戸前期・築庭当初の迫力を感じさせる。

二）年に大規模改修が行われ、この際初期の庭園の面影はほとんど失われたという。

＊「回遊式庭園」…池泉の周囲を歩いて回りながら鑑賞する庭園様式。桂離宮に代表され、大名庭園のほとんどはこの様式。（森田敏隆　二〇〇四『日本の名景―庭』）

明治の軍営期にさらに破壊と改修が加えられ、現在にいたっている。名勝庭園部の東側一帯は、明治時代の兵舎造営のために多くが破壊された末、手が加えられた。昭和五二・五三年（一九七七・一九七八）の市教委による発掘調査により、江戸後期の庭園の遺構（南池や茶席霜傑《そうけつ》など）が確認され、一部が復元された。一帯は全体を盛り土と芝生で覆って、現代的な公園整備工事が行われ、東庭園と呼ばれるようになった。

二之丸庭園は、名古屋市蓬左文庫（徳川園内）に、江戸時代前期（寛永期）に藩祖義直が整備した庭園の絵図と言われる『中《なか》御座間《ござのま》北《きた》御庭《おにわ》惣絵《そうえ》』と、江戸時代後期（文政期）に一〇代斉朝の手により改修された庭園の様子がわかる『御城《おしろ》御庭《おにわ》絵図《えず》』が残されている。現在、名古屋城では後者の姿に復原整備する計画であり、発掘調査などによる検証を加えながら整備工事が進捗している。

国天然記念物　名古屋城のカヤ

西之丸・現在の売店・事務所横にある、カヤの老巨木。推定樹齢六〇〇年以上・樹高約二〇メー

樹芯内側は空襲時に被災し黒く焦げている。広がった枝を多くの支柱で支えている

トル・総幹周囲九メートルを測る。

昭和七年（一九三二）七月、国天然記念物に指定（現在、市内では唯一の指定）された。昭和二〇年五月の天守など空襲被災による炎上の際に類焼するが、その後樹勢を回復した。

文化年間（一八一〇年頃）にはすでに根元から五股に分かれていたとされ、『金城温古録』にはうち二股を切って数々の災難にみまわれたという藩士・磯村甚左衛門の話を紹介している。

雌株であり、春に開花し翌年の秋に実をつける。初代藩主・義直が、大坂冬の陣の際に戦勝祈念して食したという伝承がのこる。他に、食用油・菓

建物復元事業の功罪

1945年に空襲により消失した本丸御殿。平成21年（2009）に着工し、15年工期の予定を10年に短縮して、平成30年（2018）に復元が完了した。復元された御殿は、寛永11年（1634）に三代将軍徳川家光が上洛した際に整えられた姿である。焼失から救われた実物絵画（重要文化財）や、先人の遺した写真や実測図の存在によってはじめて可能になった。したがって、将軍上洛の際の宿泊施設として建築された上洛殿（御成書院）や黒木書院・揚り場御殿など、当時の最高級の建築や障壁画・装飾品などが当時のごとく再現され、体験できることから、復元事業への評価は高い。

一方、特別史跡の一要素であった、礎石類は地中保存のため記録でのみしか知ることができなくなった。また、景観的には名古屋城内でも見所だった小天守石垣周辺には一般客は近寄れなくなっており、今の所特別な見学計画も実行されていない。進行中の復元天守建物の木造化計画や二之丸庭園復元計画をはじめ、特別史跡の本質を踏まえかつ各曲輪の特色に合わせて、名古屋城の魅力を引き出す努力が望まれる。

子原料・回虫駆除剤としての効用があるという。

国登録有形文化財 乃木倉庫

明治維新後、名古屋城は政府に接収され、城内には軍隊が配備された。明治五年（一八七二）に東京鎮台第三分営がおかれ、翌明治六年には名古屋鎮台と改称されている。当建物は御深井丸にあり、明治六～七年に在任したという乃木希典が建物の名前の由来になっている。ただし、実際に建てられたのは、明治時代の後半期ではないかと推測される。

乃木倉庫。戦時中は本丸御殿障壁画などの一時的な避難に使われた

それでも、市内に現存する煉瓦造建物としては、最古級の建物として貴重であり、平成九年（一九九七）に登録有形文化財として保存・活用が図られることになった。

煉瓦造りの壁体に白漆喰を塗布しているため一見レンガ建物には見えない。厚い壁や風通しの良い地下部分に比べ、屋根は簡素な瓦葺きの切妻屋根であり、弾薬倉庫として使われていたことがわかる。

埋蔵文化財

石垣は近世城郭の遺構であり、その内部構造や出土遺物等は立派な埋蔵文化財といえる。

焼失した本丸御殿の礎石列が、ほぼ原位置を保って残されている。ただし、火を受けているため、ほとんどの石材にひび・割れがみつかる。石材は、石垣用材を転用した可能性が高く、砂岩や花崗岩類が主であり、刻印が観察できるものも少なくない。

近世城郭に伴う建物類は、現存重要文化財を除いては、現状ではその位置を確認できない。発掘調査等の実施により、建物基礎等の状況を確認することは可能と考えられる。

昭和三〇年頃、天守再建にともなう工事で、縄文土器や弥生土器、古墳時代の須恵器などが出土している。近年でも、本丸御殿復元工事や西之丸御蔵城宝館建設に伴う発掘調査、そして二の丸東庭園の整備事前調査や、近年の搦手馬出石垣修復工事にともなう発掘調査で、弥生時代から鎌倉・室町時代にいたる遺構や遺物が確認されている。

二之丸から搦手馬出にかけては、『金城温古録』などの記述によれば、徳川が築いた近世名古屋城に先行する、中世末の一六世紀後半に今川那古野氏が築いた「那古野城《なごやじょう》」があった可能性が高い。官庁街となっている三之丸一帯は、愛知県や名古屋市の教育委員会による発掘調査の機会が多く、弥生時代から近世・近代にいたるさまざまな遺構や遺物が発見されている。

近世城郭だけでなく、埋蔵文化財包蔵地としての価値も非常に高いといえよう。

写真・図面・文献資料など

昭和一〇年前後に調査され、作られた本丸建物図面類。同じ頃撮影されたガラス乾板写真とともに、昭和二〇年（一九四五）五月十四日朝に焼失した本丸建築物群の姿を、奇跡的に現代に伝えてくれている。疎開により焼失を免れた御殿障壁画とともに、国内でも類を見ない近世城郭復元のための一級資料といえる。残された障壁画と、この資料があるからこそ、本丸御殿や天守など焼失建物の復元を可能にしている。

復元された本丸建物／天守（閣）［1959年SRC外観復元］と本丸御殿［2018年木造復元］

昭和五年、名古屋離宮が名古屋市に下賜される際、写しが作られた築城や修理などの図面類。『名古屋城町場請取絵図』・『御城石垣絵図』・『宝暦天守御修復絵図』など、城郭史・技術史にとって稀少かつ重要な資料が含まれる。

これまでに寄贈・寄託していただいた、日本刀・甲冑点などの美術工芸品を保管（直接、名古屋城に由来するのものではない）。また同じく寄贈品として、名古屋城の瓦を製作したという木型（年代不詳、廃城期以降か）がある。

まとめにかえて――名古屋城の未来は市民の手で

今、名古屋城を訪れる人々は、どういう形で名古屋城を楽しんでくれているのだろうか。もちろん、復元建物の傑作といえる本丸御殿や堂々たる大天守閣の上で輝く二代目金鯱に満足して下さる方も多いと思う。同時に、「登ることのできない天守閣」ややたらと目立つ工事による立入禁止区域の多さに苦言を呈される方も少なくないことも想像できる。また、春・秋の観光シーズンや夏休みには、イベント会場と化したお城に、賑やかさかを喜ぶと同時に史跡らしさの喪失に失望することもある。

名古屋城は、いうまでもなく名古屋最大の観光地である。その中で、国民共有の財産つまり文化財としての意識はどこまで浸透しているのか。私たちは、文化財の宝庫としての名古屋城の魅力をもっと感じ、大切にする必要を実感する。ただそのためには、名古屋城の歴史を学びその本質を飽きることなく探究する姿勢と現実的な対応策が不可欠である。

名古屋城調査研究センターは、名古屋城の歴史や文化財を調査・研究する名古屋城総合事務所の一セクションとして、令和二年に開設された。考古・文書典籍・美術工芸の各分野の学芸員が配置され、今後の名古屋城研究や文化財の保護を学問的な面からリードしていく存在になることが期待される。

しかし、行政的な組織や専門家だけでは、これからの名古屋城の未来を支えるのは十分ではないと考えられる。名古屋城の金鯱を屋根に掲げた雄大な天守は、永く名古屋のシンボルとされ、市民に親しまれてきた歴史がある。観光地や公園としてだけでなく、「特別史跡名古屋城跡」として保存活用を進めさらに全国的な近世城郭の情報センターへと発展することこそが、これからの名古屋城の望まれる姿であり、それを支えるのに市民の手がより多く増えていく未来を期待したい。

・名古屋城に関する基本的文献—文化財的価値や魅力を教えてくれる本—

奥村得義　一八六〇［万延元年］『金城温古録』（名古屋市教育委員会　一九六五　名古屋叢書続編第十四）
名古屋市　一九五九　『名古屋城史』
内藤昌編・著　一九八五　『名城集成　名古屋城』小学館
小和田哲男・三浦正幸他　一九九五　『名古屋城』［歴史群像］名城シリーズ4、学研

・名古屋城についてのいろいろな情報や知識を得る本

岡本柳英他　一九八〇　『名勝史蹟　名古屋城の庭園』名古屋城叢書3　名古屋城振興協会

高田祐吉 一九九九 『名古屋城石垣の刻紋』続・名古屋城叢書2
高田祐吉 二〇〇一 『名古屋城 -石垣の刻印が明かす築城秘話』文化財叢書第95号、名古屋市教育委員会
服部鉦太郎 一九六七 『特別史蹟 名古屋城年誌』名古屋城叢書2 名古屋城振興協会
林 昌利 二〇〇一 『名古屋城の自然・樹木と薬草類』続・名古屋城叢書4 名古屋城振興協会
名古屋城総合事務所 二〇一三 『巨大城郭 名古屋城』 特別展図録

・**本丸御殿と障壁画について**

名古屋城管理事務所 一九九〇 『重要文化財 名古屋城本丸御殿障壁画集』名古屋市
（財）名古屋城振興協会 二〇〇〇 『懐古国宝名古屋城』
名古屋城総合事務所 二〇一三 『狩野派と名古屋城四〇〇年』 開府四〇〇年記念特別展図録など多数

・**城下町及び熱田について**

名古屋市博物館 一九八七 『城下町・名古屋 江戸時代の町と人』 開館一〇周年記念特別展図録
ＮＨＫブラタモリ制作班 二〇一九 『ブラタモリ一五 名古屋 岐阜 彦根』

豊臣秀吉と指月城跡

馬瀬智光（京都市文化財保護課）

皆さんこんにちは。私は西日本では講演会をすることはあるのですが、関ヶ原を越えて東側で講演会をするのは初めてでございます。ここに「豊臣秀吉と指月城」と書いてあります。「指月」を「しげつ」と私は読んでおりますが、「しづき」と呼ぶ人もおられます。豊臣秀吉が築城した別の城である「聚楽第跡」も「じゅらくだい」以外に「じゅらくてい」と呼ばれることもございます。いろいろな読み方はありますが、私が所属しております京都市文化財保護課で作成しております『京都市遺跡地図』の読み方に従って指月城は「しげつじょう」、「聚楽第」は「じゅらくだい」と呼ばせていただきます。

今回「豊臣秀吉と指月城」というタイトルで話をさせていただきますけれども、最後の結論でも申しますが、指月城のことははっきり言ってよく分かっておりません。指月城の後の木幡山城期の伏見城、もしくは指月城の前に築城された聚楽第については徐々に解明が進んできました。それから、皆さんは織田信長のことが大好きだと思いますけれども、信長が京都に入ってきたことは画期的でした。ですので、後でいろいろ信長についても扱わせていただきます。

まず京都市内には天下人と呼ばれる人たちが築城した数多くの城郭が存在します。豊臣秀吉はその中でも複数（最多）の城郭を造っています。それからまた、町づくりも積極的に行っています。例えば、有名なものとして居城である聚楽第を中心に、武家屋敷、公家屋敷、それから寺町を築き、平安京の区画を細分化した道路を開き、町割りを造っていきます。それから最外郭、一番外側に御土居という城壁を築きます。御土居という名称自体は江戸時代に言われだした呼称で、築造当時は「洛中総構《らくちゅうそうがまえ》」というふうに言われていました。また秀吉最晩年の居城である木幡山城期の伏見城も、本丸を中心とした縦横に巡らした道路によって武家屋敷街、それから町人地、寺町を築き、最外郭に外濠と宇治川を配しています。

それでは指月城期の伏見城はどうなのか。秀吉は、この城を中心とした都市計画を本当にしていたのか、現状では全くわかっておりません。最近の指月城の調査から、曲がりなりにもわかってきたことを述べていきたいと思います

京都における織豊系城郭

まず滋賀県の甲賀市の貴生川遺跡（図1）。なぜ京都のことを話すのに貴生川の遺跡のことを話すんだと思われるかもしれませんが、ここも発掘調査の写真が秀逸なんです。写真の中央に御屋敷がありますが、この御屋敷が多分、昔はもう少しズレた位置にあったのではないかと思います。この発掘調査写真で、緑に塗っている部分が堀跡です。堀跡と御屋敷の間にある何もないところ、これが屋敷を取り囲んでいた土塁の後になります。見事に土塁と堀に囲まれた屋敷の姿を表していると思います。多分、日本全国にある中世の屋敷、「館」の大半はこんな姿だったのではないかと思っております。これが織田信長以降どう変わっていくのか、それを具体的に見ていくことができたらと

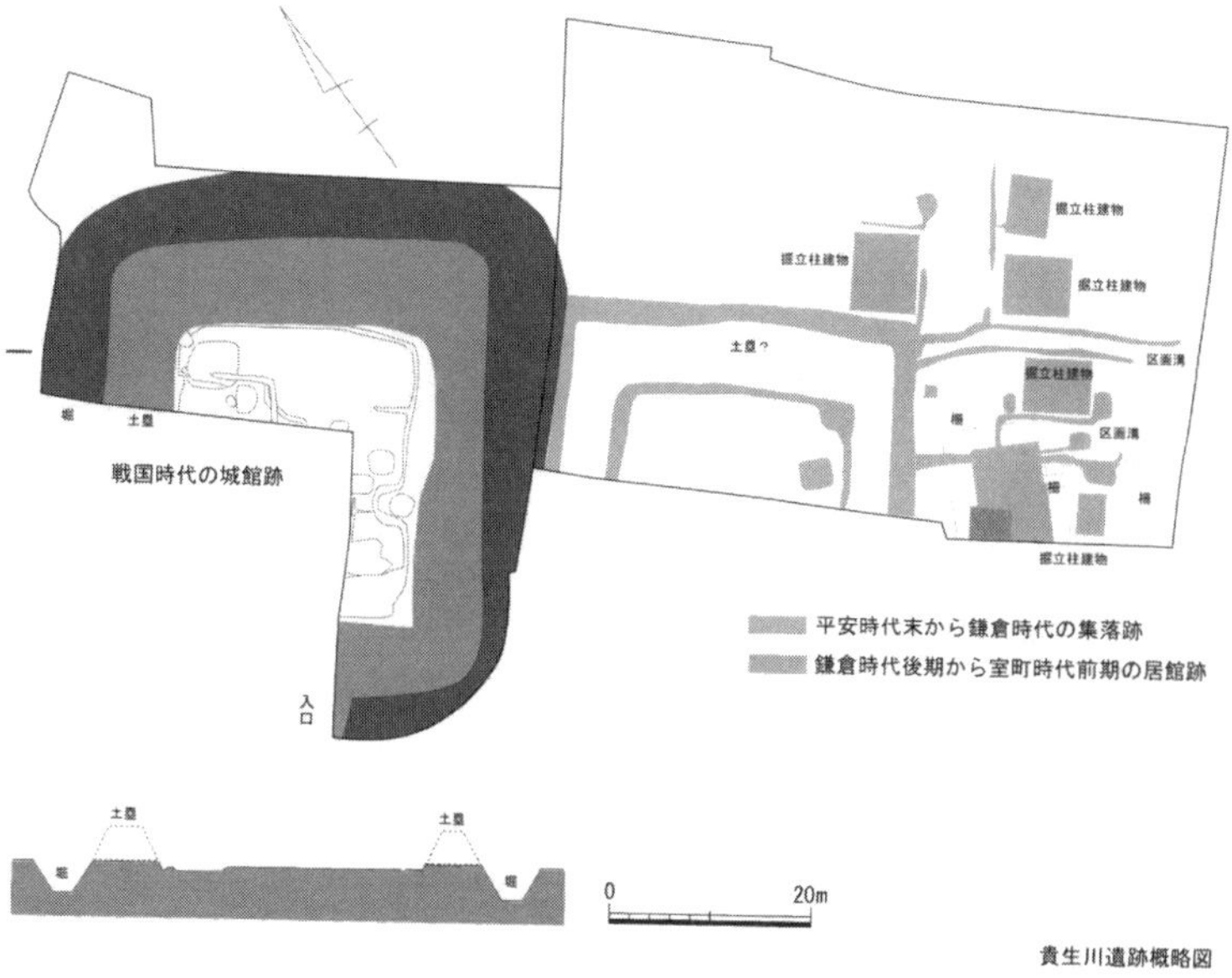

図1　貴生川遺跡概略図（「貴生川遺跡発掘調査現地説明会資料 No.2」から）

考えています。

では、京都における織豊系城郭ですけれども、まずは旧二条城跡。織田信長が京都に初めて築城した城で、信長自身が住むのではなく、足利義昭の居城として築いたものです。当時は旧二条城とは呼ばれていません。当時は、「武家御城」とか「公方様御構」というふうに呼ばれていました。それから周山城跡です。最近、私が所属しております京都市文化財保護課がこの城跡の調査を頑張っておりまして、明智光秀が築城した城の中で一番残りが良いと言われている城で、航空レーザー測量や最新の写真測量などを使用して、周山城の正確な範囲や形態の解明を進めています。二〇二〇年には初めての発掘調査を行いました。次に豊臣妙顕寺城、ここから秀吉の築城が京都市内で始まります。それから聚楽第です。他には旧淀城、当時は「淀城」と呼ばれていましたが、江戸時代に松平定綱が築城した淀城と区別するために旧淀城跡と呼んでいます。旧淀城には茶々が住んでおり、茶々が「淀殿」と呼ばれる所以になった城です。それから指月の丘に築かれた伏見城、これを指月城と呼んでいます。指月城とは宇治川を挟んで南側に向島城があり、これも秀吉が築城しました。向島城は指月の丘の南側に「巨椋池」という巨大な沼地があったのですが、その中に城が築かれます。指月城は、文禄五年（慶長元年）の地震で倒壊し、木幡山に改めて築き直された伏見城があり、木幡山城と呼ばれることがあります。ただし、近年の研究では、木幡山は別の山であり、伏見城の呼称通り「伏見山」が正しい呼称と考えられています。この城も関ヶ原の戦いの前哨戦で焼失してしまいますが、すぐに徳川家康が再建します。

よく江戸時代と言いますけれども、少なくとも徳川の三代将軍家光の頃までは政治上の中心は伏見城でした。徳川家康、秀忠、家光の三人とも将軍になる儀式は全て伏見城で行っておりますので、ある意味、伏見時代でも良いのかなと思っております。二年前になりますが、豊臣秀吉が再び洛中に築いた京都新城の石垣が初めて見つかりました。見つかった場所は、引退した天皇、院が住まう仙洞御所です。それから、徳川期の城として。二条城があります。家康が築城した後、秀忠と家光が増築しています。最後に、京都市内で言いますと、天下普請と言われるのは、幕府の命を受けて松平定綱が造った淀城があります。この淀城までが織豊系城郭と私が認識しているものです。

織田信長の終焉の地である本能寺は、ほんの十数年前まで場所も分かりませんでした。それまで本能寺と考えられていた場所が違っていたのです。「能」の異体字で、作りが「去」になっている瓦が焼けた大量の瓦と共に見つかりました。また、これらの瓦で埋まった堀に石垣が伴っており、本能寺の正しい場所がわかってきたのです。

先ほど明智光秀の城として周山城と言いましたが、この城の全体像も航空レーザー測量の結果、東西一・三キロメートル、南北〇・七キロメートルの超巨大な山城であることがわかってきました。城の中心にある本丸には、全国的にも極めて珍しい三つの入口を持った穴蔵式の天守台が残っており、本丸から四方に伸びる尾根上にも立派な石垣を持つ曲輪が複数築かれています。本丸の西方の曲輪には、高い石垣もあります。後ほど詳しく説明させていただきます。

京都における秀吉の町づくり

豊臣秀吉が具体的にどのような町づくりをしていたのかということを見ていきたいと思います。まず、秀吉は天正一四年（一五八六）、内裏の故地で、当時「内野」と呼ばれていた場所、この内野とは、平安時代の内裏が廃れ、誰も住んでいない野原になっていたという意味ですが、ここに聚楽第を造りました（図2）。天正一八年に京中の町割りを行います。天正一九年閏正月、京中屋敷替え、「寺町」の造営と続々と町づくりを進めます。寺町とは、京都へ観光旅行に行かれたら、寺町通を歩かれることもあるかと思うのですが、その寺町です。寺町は、寺院が南北に連続して配置されているという特徴があります。一方で、聚楽第の北東方向、今の上京区の今出川通と堀川通の交差点の北側に寺院を集積した「寺の内」も造営していきます。そして京都にとって画期的な構造物として、天正一九年の正月から二月にかけて、洛中の最外郭に後に「御土居」と呼ばれることになる堀と土塁を築きます。この御土居を豊臣秀吉が築造する契機として、前年である天正一八年の小田原征伐が考えられます。後北条氏が本拠を構えていた小田原城の周りには、総構がありました。総構とは、城の内部だけではなく、城下の全てを囲い込んだ城壁のことです。秀吉はこれを見て何か思うところがあったのでしょう。京都にも造ってみたいと、思ったんだと思います。小田原城の総構は延長が約九キロです。一方、御土居は延長が二二・五キロもあります。小田原城は、結局落城していません。小田原城の開城は、秀吉が石垣山城を築き、周辺の拠点を次々に大軍で押さえたことによります。落城していないということは、防御能力が実際あったことになります。御土居は延長

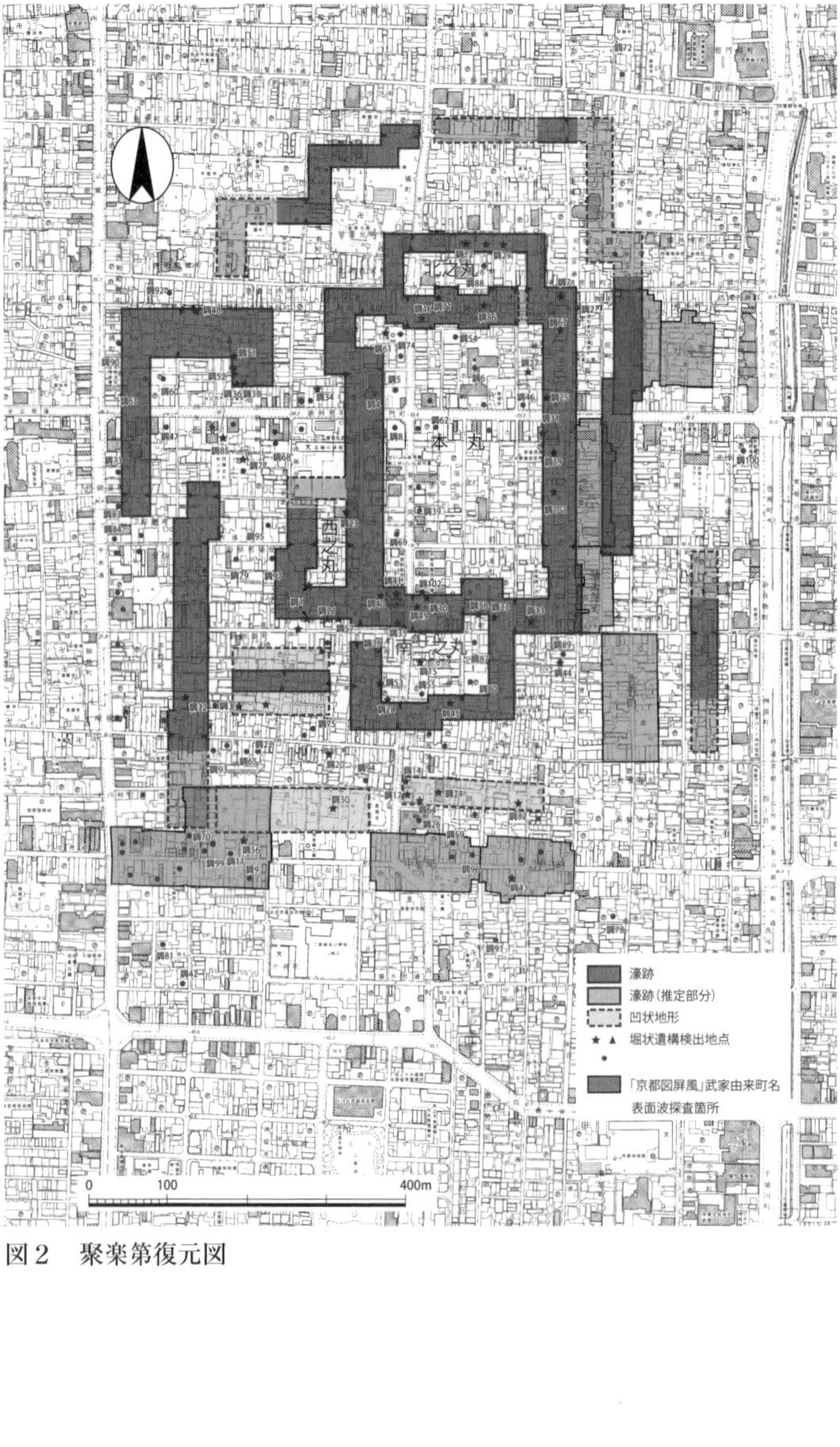

図2　聚楽第復元図

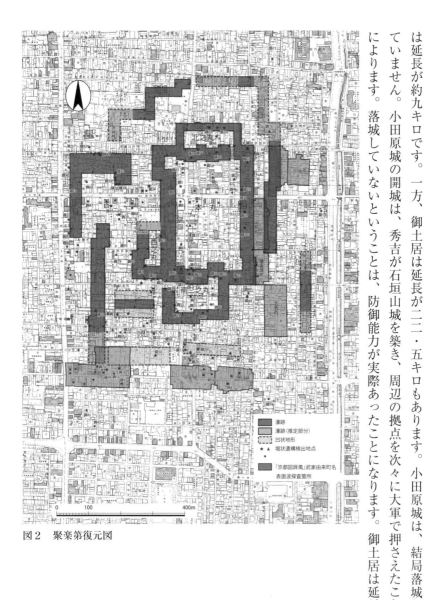

が二二・五キロもあります。当時の洛中の都市域を越えて、北部では耕作地も多数取り込んでいます。この異様に長い防御ラインを守り抜くことは不可能だと思いますので、シンボルとしての意味合いが強かったんだと思います。幸いなことに指月城と違って聚楽第は三井家が所有する「聚楽第図」という絵図がございます。この「聚楽第図」があることで、天守や御殿があったことや、門の存在や配置、隅櫓や石垣の状況を想像することができます。

それでは、秀吉は具体的にどのような町づくりをやっていたのか。真ん中にある長方形の区画が平安京です。その中央北側が大内裏で、後に「内野」と呼ばれる場所になります。一町という単位は全国的には一辺が約一〇九メートルの方形の区画であることが多いと思いますが、平安京の場合は一辺が一二〇メートル四方の区画になります。平安時代の貴族だとこの一二〇メートル四方の区画である一町とか倍の大きさになる二町という広大な敷地をもらいます。貴族が自分の広大な屋敷を造るには便利です。しかし、われわれ一般庶民が生活する上では、ものすごく不便です。こんな馬鹿でかい敷地をもらってもですね、財力で造れる自分の家の大きさは限られますし、商売するにしても、通りに面している部分以外の使い道に困ってしまう大きさです。図で示している状況はちょうど聚楽第が築かれる前の段階です。

次に聚楽第が築造された段階になります。大内裏の北東隅に秀吉は聚楽第を造ります。ちょうど「下京の構」の東西両側に造られた新しい道を示しています。先ほど、平安京の一町は一二〇メートルと言いましたね。それをこの五本の新しい道を造ることで、半分の六〇メートル単位で町を短冊切りしていきます。今の京都の街中は、六〇メートル間隔で南北方向の道が通っているのですが、どうもそれらの道の大半は江戸時代以降に造られたもので、秀吉さんが造ったのは、この五本の道だけではないかと言われています。秀吉が六〇メートル間隔で道を造り始めたことで、京都の町の再開発が一気に進んでいく。まさに都市計画道路と言えると思います。その後、寺町を造ります。寺町と御土居とどっちが先に造られたんだということなんですが、最近の発掘調査で、ちょうど御所の東側の寺町通に面した敷地から、天正十八年銘の瓦が出てまいりました。このことから、統一された計画であった可能性はあるのですが、少し先行して寺町が造られている可能性もあるのかなと思います。

御土居の全長は二二・五キロ。北端は大徳寺よりもはるかに北側になります。西側も何もないところ、実際には紙屋川町（天神川）の東側を通っています。この当時、人はこちらの部分にはほとんど住んでおりませんでした。南端は東寺の南側になります。東端は鴨川沿いに築かれており、全体として洛中を大きく囲い込んだ「構」になります。御土居が造られたことで京都は本当の意味で羅城が完成します。平安京は、中国の都城の真似事をしていますので、羅城門と都市を取り囲む羅城があったと言われているのですが、羅城門はありましたけれども、羅城は羅城門の東西両側数百メートルだけしか造られませんでした。「都城」とは、中国では本来、周り全てを城壁で囲んだ都市のことを示しますので、秀吉によって京都は初めて「都城」として完成したといえるかもしれません。

伏見城の建造

次に秀吉の町づくりということで、本題に入っていきます。文禄元年（一五九二）、秀吉が京都の南郊の伏見の地に隠居所を造ります。文禄三年正月から秀吉は隠居所を大規模改修します。ちょうどこの時期が秀吉と甥で関白の豊臣秀次に権力が二分化されてきた頃です。その頃に隠居所を城に変えていきます。この頃に、秀次も秀吉に譲られて自らの居城になっていた聚楽第の周りに大名屋敷を造っていきます。一方で、太閤秀吉のこの伏見屋敷の周りにも新たな武家屋敷が造られていきます。

秀次が失脚してすぐに、秀次の奥さんたちと子供たち全員が秀吉によって殺されます。それだけじゃなくてですね、側近の大名たち、木村重茲《しげこれ》や前野永康などが亡くなっています。この時、非常に危なかったのが伊達政宗です。かなり秀次に接近していましたので、しかも屋敷地が太閤のいる伏見になかったと言われています。もうちょっと上手い徳川家康は両方に屋敷を構えていました。そういうことで立場的にすごく危なくて、ひょっとしたら殺されていたかもしれない危機的状況にありました。

せっかく造った城ですけれども、この伏見城、今回のメインタイトルでもある「指月城」は、文禄五年（一五九六）閏七月十三日に大地震によって倒壊します。この地震は、伏見慶長地震とか慶長の大地震と言われることが多いのですが、文禄五年の出来事です。この地震が起きてすぐ「慶長」に年号が代わりますので、慶長地震と言われることが多いのです。秀吉は、慶長元年（一五九六）に本丸を移動させて、城を再建します。

ところがですね、再建を始めてわずか二年後の慶長三年に秀吉は死んでしまいます。しかも、慶長五年（一六〇〇）の関ヶ原の戦いの前哨戦で再建された伏見城が焼けてしまいます。しかし、伏見城は慶長六年に徳川家康によって再建されますので、当時の武家の棟梁にとってこの城がいかに重要なシンボルであったのかを示しています。図の中央付近が木幡山城（本当は伏見山城）の本丸になります。後でもう一度お見せすることになりますが広大な城壁があります。

それでは指月城はどこにあったのか。この図3の中で、四角の枠で囲んだ範囲になります。パワーポイントの図では緑色の四角い枠で囲んだ範囲が指月城期の伏見城です。図4が発掘調査成果をもとにした復元図です。南側は宇治川になります。宇治川も秀吉以前は、巨椋池と一体となって緩やかでいろいろな流れを持って、増水期には池になり、渇水期には細々とした支流に水が流れるような景観であったと考えられます。そのようなところに、秀吉は前田利家などに命じて「太閤堤」を造らせます。太閤堤によって宇治川は一本の大きな流れとなり、外濠兼大阪との交通路として機能させました。

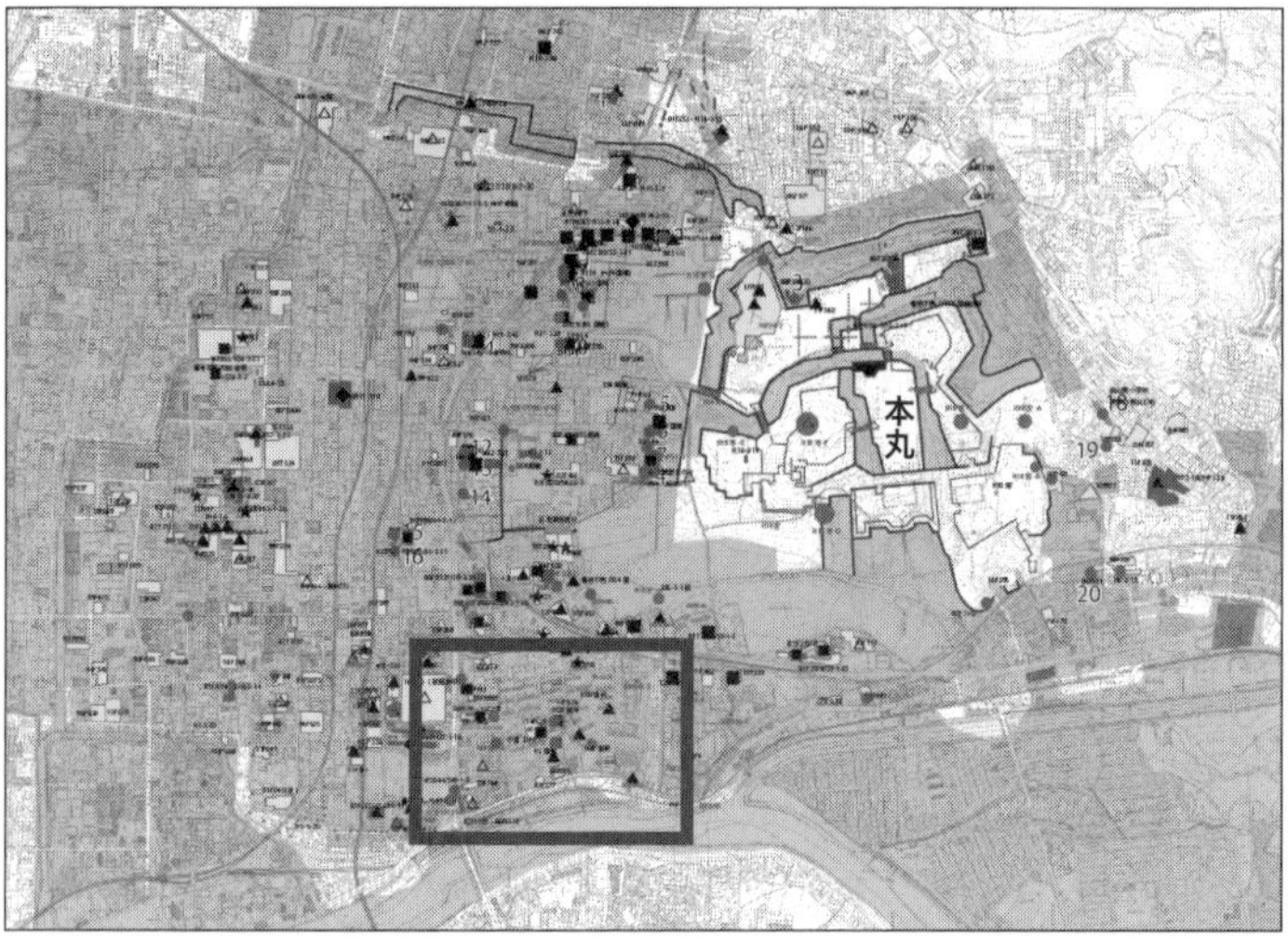

図3　伏見城跡（木幡山城期、□内が指月城の範囲）

実はこの伏見、大阪からだいぶ離れていますよね。ところが標高は十数メートルしかありません。ということは、宇治川を行き交う船は大阪湾から十数メートル上がったら伏見に着きます。それぐらい実は大阪と伏見は高低差がない、ということがわかっています。東側は巨大な舟入があります。北側は一部ですが、濠状の遺構が見つかっております。北側の濠は想定では現在の「立売通」に沿って存在したと考えられています。西側は、現在の国道24号線沿いに存在

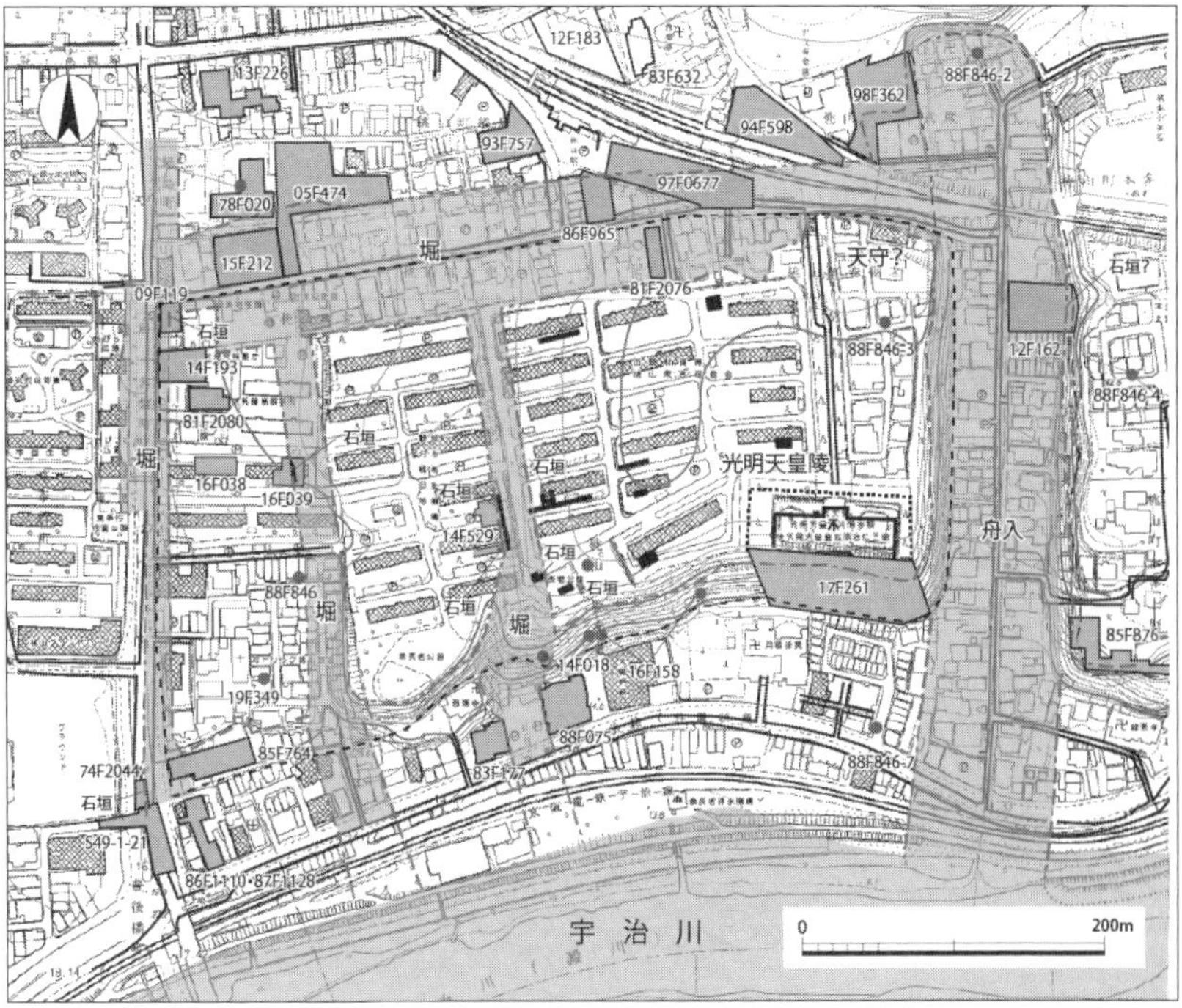

図４　伏見城跡（指月城期）

したと推定しています。それはちょうど立売通と国道24号線の交差点南東隅の調査により「L」字に曲がる石垣と濠状遺構を確認したこと、観月橋（伏見城時代の豊後橋）北側の発掘調査でL字に曲がる石垣の南北部分と対になる石垣を検出しているからです。また、復元図の城の範囲内に二本の南北の濠があります。この二本の濠は発掘調査で明確に確認できております。先ほどの北側の濠につきましては、濠の北側にあるJR伏見桃山駅の駅前広場で指月城期の明確な遺構が発見されたこと、立売通に沿った南北両側の敷地の調査で極めて浅いところから地山を検出しまして、もし濠があったとしても、復元図よりも幅の狭いものであったか、濠そのものがなかった可能性も浮上してきました。微妙なものです。

天守はどこにあったのか、いま現地を測量しますと、天守が一番標高が高くなります。多分ここに天守があったのではないかと想定しています。ただこの標高が高い部分は、個人住宅が密集しているエリアですので、今のところ調査はできておりません。

調査から見えてきた指月城の姿

指月城期の伏見城はどのようなものだったのでしょう。実は、指月丘に本丸が築かれていた時期も、木幡山（伏見山）にあった時期も、当時の人たちは「伏見」と呼んでいました。それから、文禄元年に最初に造り始めた時ですけれども、南に巨椋池を望んだ風光明媚で知られる指月の地というふうに言われています。この場所はもともと、橘俊綱《たちばなのとしつな》という人が平安時代に山荘を築いています。その後、指月の地は、白河天皇に譲られ、天皇家に受け継がれていきます。それから途中で、今の天皇家に繋がる伏見宮家がこの地を伝領するようになります。ちょうど指月城期の伏見城が築かれたところに屋敷を構え、そこに代々居住していたということです。ですので、天皇になる前、それから一族のものが天皇になった後も、この土地というのは伏見宮家の領地としてずっと継承されてきました。

文禄三年に本格的に整備を始めるにあたって、秀吉は築城を担当した前田玄以に、「ふしみ（伏見）のふしん（普請）なまつ（鯰）大事にて候」と手紙を書いています。この手紙の意味は、地震対策をしっかりやりなさいということです。地震対策をしっかりなさいと言った二年後に、見事地震で倒壊してしまいますので、結果としてはしっかり対策をしていなかったということになるのでしょうか。

指月城に伴うと考えられる石垣は、実はそんなに昔から発見されていたわけではなく、確実なものは平成二一年（二〇〇九）になって初めて検出されました。これが先述のＬ字状の石垣です。この発見により、同志社大学と伏見城研究会が一九七四年に見つけた石垣が、実は指月城と関連する石垣ではないかと分かってきました。これも先述の豊後橋北側の石垣のことです。それから二〇一五年、二〇一六年に相次いで大発見があります。その後、二〇二〇年まで文化財保護課が継続して発掘調査を行ってきまして、二〇二一年三月三一日に『指月城跡・伏見城跡発掘調査総括報告書』を刊行しました。私も書いておりますこの報告書は、奈良文化財研究所が所管しています「全国遺跡報告総覧」というホームページからＰＤＦをダウンロードできるようになっておりますので、どなたでも簡単に読んでいただけるようになっています。

調査成果から見えてくる指月城の姿は、図4を見てください。南北約二〇〇メートルから二四〇メートル、これは測るところで違ってきます。東西約五〇〇メートルの長方形プランだと考えています。それから内部は三から四の区画に分かれます。これは実は先ほど天守があると言っていた主要な区画、一番東側の大きな区画ですね。ここが二つに分かれるかもしれない。あと四周は濠に囲まれており、特に東側の舟入と南側の宇治川は巨大です。豊臣秀次の右筆を務めた駒井重勝の日記である『駒井日記』には、「本丸の石垣」「総構堀」「三丸の蔵」「伏見御門」「御矢蔵」「御風呂屋」「御湯殿」、さらに「二丸台所」など、いろいろな建物や石垣が記されています。『駒井日記』からわかる指月城の構造として、本丸、二丸、三丸の三つの廓は確実にあったということが分かってきます。これまでの調査成果から作成しましたこの復元案で行くと、一番東側の大きな区画が本丸、その次の区画が二丸、その次の西側の区画が三丸になると考えています。

さらに茶々が住んでいた淀城から、天守、矢蔵、御門をこの城に移築させています。ただし、残念ながら指月城を描いた絵図は一枚も見つかっていません。

次の木幡山（伏見山）城期になりますと、堺市博物館所有の「洛中洛外図屏風屏風」のように伏見城が描かれるようになります。また、これは江戸時代になってからですが、中井忠重氏蔵の「伏見御古城絵図」（図5・次頁）があります。中井家は、江戸幕府の京都で大工頭を代々務めた家です。中井家には大阪城や社寺などの様々な測量図が伝わっており、その中井家の持っている絵図の一枚がこの絵図になります。絵図には北堀や外堀、総構えの土塁、さらに宇治川の対岸に向島城が描かれています。伏見山の部分が本丸になります。南は宇治川、西側は総構えの濠、北から東にかけては、切通というか細い峠道、現代の墨染街道に囲まれた範囲が伏見城になります。この絵図をもとに作成した復元図の中心部分には本丸があり、今でも天守台が残っています。それから黄色で着色した範囲が町人地になります。ピンク色で着色した部分は武家屋敷、赤色の線は道路を表現しています。南北方向の二本の道路がメインストリートになります。京都から伏見城を縦断し、巨椋池を越えて奈良街道に通じます。東側の六地蔵側にも奈良街道があるのですが、先述の南北道路が伏見城のあった時代の京都と伏見、伏見と奈良を結ぶ最大のメインストリートになります。普通、日本の城の場合、「大手」はメインストリートになるのですが、伏見城の場合、「大手筋」と言います。「大手道」ではありません。逆に先述の南北道路は、「奈良街道」「大和大路」という表現で呼ばれますので、どちらがよりメインストリートとしてふさわしい呼び方なのだろうということになります。しかも大手筋が総構えの濠にたどり着く部分には、絵図に描かれた時点で橋が架かっておらず、指月城期の大手道とも言われる、大手筋の一本南側の「油掛通」には橋が架かっていたことからも、大手筋はメインストリートではないんじゃないかと言われています。

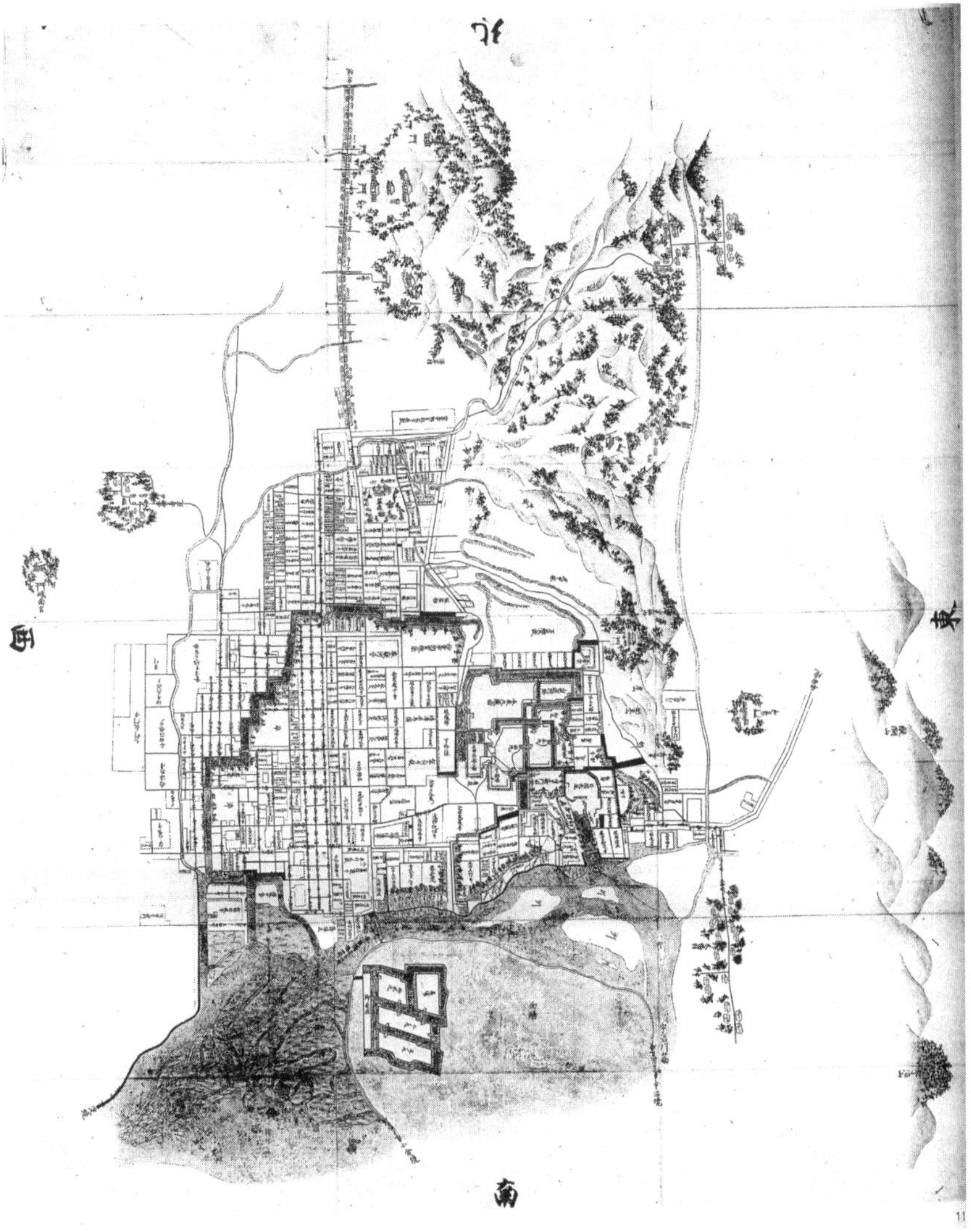

図５　「伏見御古城絵図」(中井忠重氏蔵)

絵図の表現を見ていきますと、木幡山（伏見山）城期の伏見城には、「本丸」「松丸」「名古屋丸」「西丸」「石田治部少丸」「増田右衛門」などの表現が見られます。石田や増田など、五奉行の名前が城の中心部分にあります。それから、中心部分の規模は、南北が約四五〇メートル、東西が約八〇〇メートルあります。城下町は大きく西側に発達しており、先ほど見ていただいたように京都とつながる北側への広がりもあります。主要な大名屋敷は中枢部西側の京町通までの空間が割り当てられたと考えています。伏見城全体の規模は、東西約三・三キロ、南北二・二から二・三キロメートルの濠と墨染街道で囲まれた範囲があって、さらに外側にも広がります。ただし、絵図などに見られるこの姿は本当に豊臣秀吉の築城時の姿を現しているのかについては、疑問に思います。その根拠として、秀吉は指月城を造るのに三年かかっているのですよ。ところが地震で倒れてから、秀吉が亡くなるまでにほぼ完成していたと言われているのですが、二年しかないんですね。二年で指月城を遥かに上回る超巨大な城を造れるのか、秀吉の死後、徳川が三〇年弱伏見城を治めている事実からも、徳川期の姿を反映しているのかもしれません。

京都の堀（濠）の規模、具体的には幅と深さの分布範囲を整理したグラフ（図6・次頁）を作成しましたが、このグラフから指月城の城郭史上の位置を見ていこうと思います。最近文献史学の方々が、織田信長大したことなかったねとか、それまでの室町時代の将軍や大名と大きく異なることはないとか、色々意見を述べておられます。しかし、少なくともお城の堀（濠）で見る限りは、それまでと全く違う傾向を見てとることができます。グラフを見てください。六五五例の堀（濠）跡を調べた結果、一番大きな分布域が木幡山（伏見山）城期の伏見城になります。その内側の分布域が指月城期、さらにその内側が聚楽第、さらに聚楽第の内側に四角く囲んだ範囲がありますが、六五

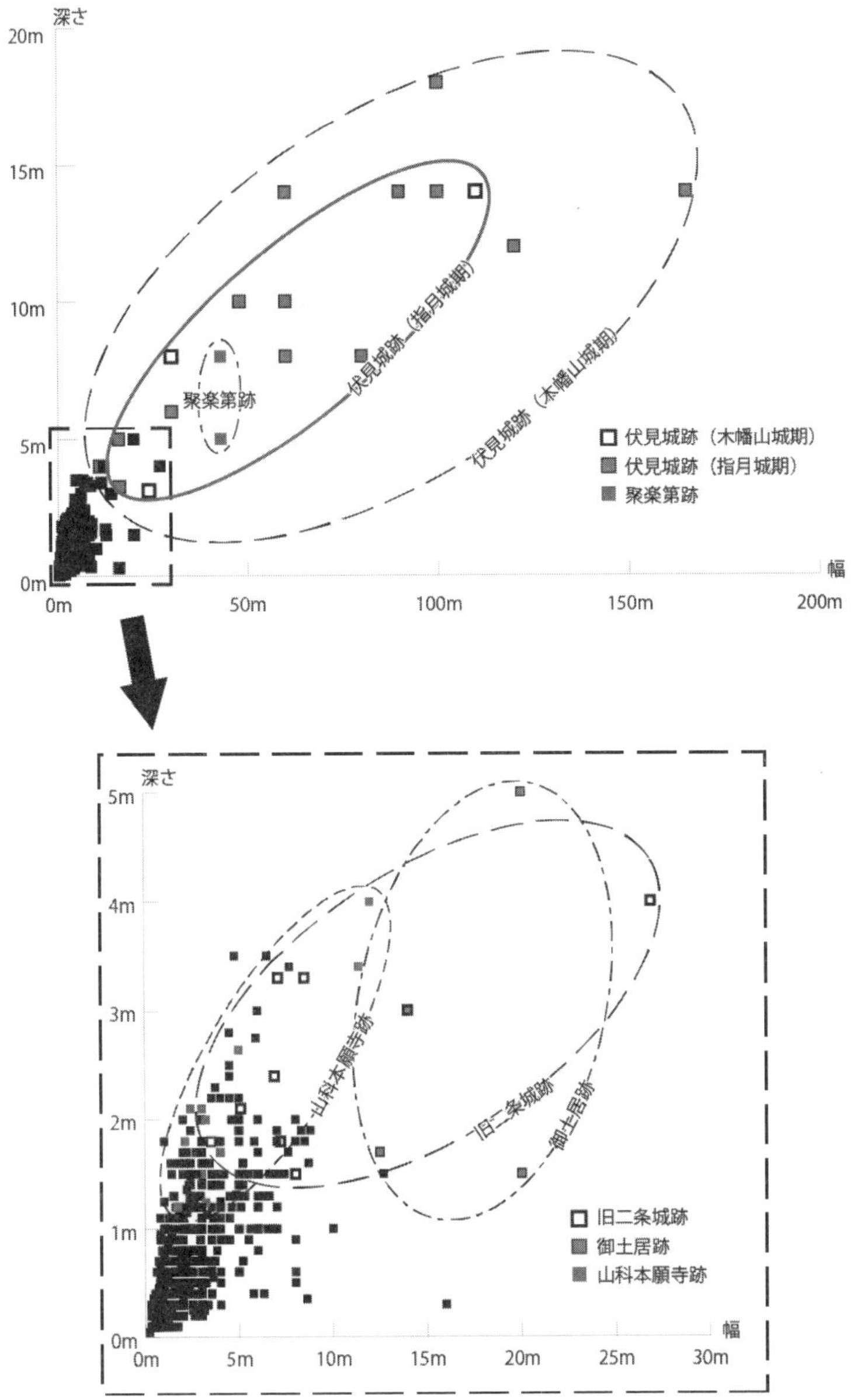

図6　洛中洛外濠幅と深さの相関図

五例の大半はこの小さな枠に入ってきます。さらにこの小さな枠を拡大しますと、御土居の分布域、旧二条城の分布域と続き、ようやく織豊期とは関係のない山科本願寺の堀（濠）の分布域になります。山科本願寺を除くと、大半の事例はさらに内側の部分に集中しています。ということで、織田信長が京都に入ってきて築城した旧二条城から一気に大型化することは間違いございません。この大型化の流れの中で、豊臣秀吉が晩年に築城したものほど巨大な堀（濠）を持つ傾向があり、指月城はその大型化を示す顕著な例として位置づけることができます。

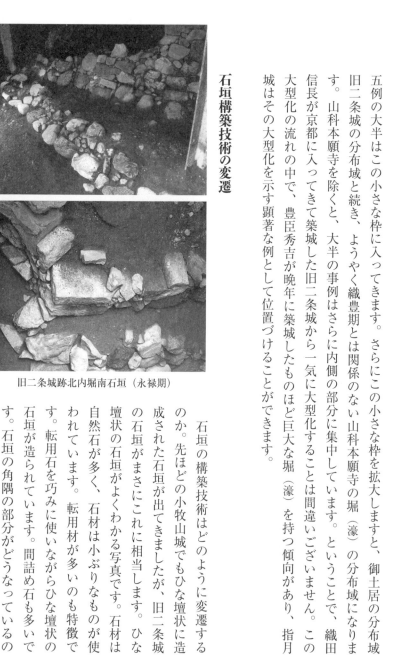

石垣構築技術の変遷

旧二条城跡北内堀南石垣（永禄期）

石垣の構築技術はどのように変遷するのか。先ほどの小牧山城でもひな壇状に造成された石垣が出てきましたが、旧二条城の石垣がまさにこれに相当します。ひな壇状の石垣がよくわかる写真です。石材は自然石が多く、石材は小ぶりなものが使われています。転用材が多いのも特徴です。転用石を巧みに使いながらひな壇状の石垣が造られています。間詰め石も多いです。石垣の角隅の部分がどうなっているのかを見ますと、角には転用石を使っていま

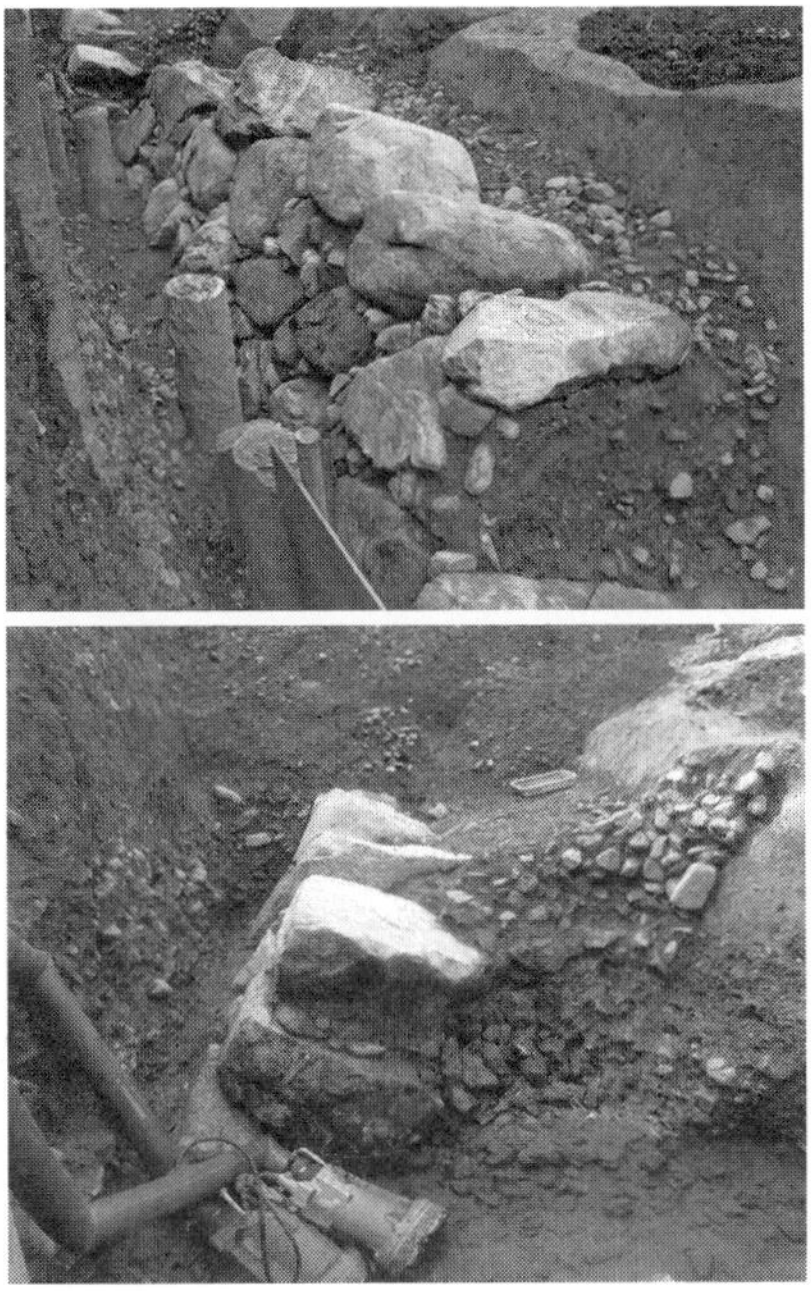

聚楽第跡本丸南濠石垣（天正14年〜文禄4年）

周山城跡郭（天正10年以前）

す。それから算木積みが未発達です。石の長軸方向が正面を向いています。近世城郭の石垣では、普通、石の長手を奥に向けることが多いのですが、旧二条城の段階では長い方を正面にむけている石材が結構多いことが分かります。そして裏込めはほとんどありません。石垣の石材の後ろはすぐ掘方になります。

　次に周山城を見ていきます。周山城も旧二条城と同じく自然石を多用しています。ただ高石垣を指向しています。天守台の石垣を除き、石垣に使用されている石材は小さなものが多いです。角隅が良好に残っている部分の石垣を見てみますと、近世城郭ほど明瞭ではありませんが、長軸方向を正面に向けている石材と短軸方向を正面に向けている石材が交互に現れており、一応算木積みを指向していることが見て取れます。

　聚楽第を見ていきます。聚楽第になりますと、旧二条城よりもちょっと後ろの裏込めが厚くなった気がしませんか。自然石が多いことは

初期伏見城〈指月城跡〉(文禄期)

今までと同様です。あと石材の長軸を石垣面と直交させる（長手を奥に向ける）積み方に変化しています。間詰石は相変わらず多いです。これは場所によっても違うのですが、大きい石材と細長い板状の石材を交互に並べて積み上げていく方法を見ることができます。

いよいよ指月城期の伏見城です。木幡山（伏見山）城期の石垣の下層で見つかった指月城期の石垣は、その積み方がわかる良好な例です。

写真右を見ていただけるとわかるのですが、本来この写真の下から二段目の石材と隣の石材はぴったりと並んでいました。さらに下から三段目の石材とその隣の石材もぴったりと並んでいました。また、石材をできるだけ水平に並べようとする意図も感じられます。石材の大きさも整ってきています。しかし、写真で見ていただくとおり、本来ぴったり並んでいた石材間に大きな隙間ができています。これが文禄五年に襲った大地震の痕跡です。矢穴のある石材も認められます。この石垣を横から見ると、石垣の後ろの裏込めは存在するものの、相変わらず厚くはありません。石垣の前方に見える石材は、この石垣から地震の際に転落したものです。この石垣が埋まっている層の中でも、石垣のすぐ上にある層から金箔瓦が大量に出土しました。

この石垣のすぐ西側、指月城の復元図では二の丸と三の丸を分ける濠跡に伴う石垣を見ていきましょう。同じく指月城期の石垣です（前頁・写真左）。こちらの石垣は間詰石が非常に多いこと、石材が不揃いで、一応水平に並べようという意思は感じられるのですけれども、近世城郭のような整然とした積み方にはなっていません。写真で黒く着色している部分が本来、濠が機能していたときの水位です。その後の埋め方を見ると、単一の土砂ではなく、濠の部分の沈下を恐れてか、性質の異なる土砂を順番に陸側から埋めていっていますので、いくつもの層が斜めに堆積している状況が見て取れます。濠が埋められた後は、武家屋敷が造られます。堀を埋めて整地とともに造られた石垣は武家屋敷のものです。

初期伏見城〈指月城跡〉（文禄期）

この木幡山（伏見山）城期の武家屋敷に伴う石垣には、多分「施工単位」を示すと思うのですが、石垣正面の石材の後方に、石垣石と同程度の大きさの石材が点々と置かれていることもわかりました。矢穴をもつ石材も所々に認められますが、まだ野面積みです。

指月城期の石垣と武家屋敷の石垣が大きく異なるのは、裏込めの幅です。裏込めの幅が大きくなっています。先ほどまで紹介していました石垣の裏込めがすごく薄い段階から、幅広く分厚くなってきています。この石垣を横からみますと、軟弱な濠の埋土の上に締まった土を幾層も積み上げてその上部に石垣を造っていることがわかります。地震の影響を受けて、整地や裏込めが変化したと考えられます。

北堀公園出土石垣（木幡山期　上下層不明）

しかし、広大な伏見城では、異なる施工方法をもつ石垣もまた発掘調査で見つかっています。それは木幡山（伏見山）城期の伏見城にほど近い、北堀公園で見つかった石垣です。写真を見ていただけるとわかりますが、古い調査です。伏見城研究会という組織が発掘調査をした際のものです。北堀の南側を護岸するように高い石垣が積まれています。自然石で積み上げられており、隙間には間詰石が大量に詰められています。先ほどの石垣と異なり、この石垣の裏込めは非常に薄く、当時調査を担当していた方から、ほとんど裏込めがなかったと伺いました。

つい最近、新たな成果が出てきました。その成果とは、木幡山（伏見山）期も単純ではなく、秀吉の頃に築かれた石垣を埋めて、家康の頃に造り直したのではないかという石垣が出てきました。桃山キャッスルランドに程近い石田治部少丸の西側で、上下二層で石垣が出てきたのです。まず下層の石垣は、起伏のある土地を平坦に均すために地面を黄色の土で整地していました。その整地土を掘り返して、石垣の基底石を据えています。さらに、基底石を固定するために先ほどの整地土と基底石の大半を埋める形で綺麗な床面を造ります。ですので、実際に目にすることができる石垣は基底石の上に積み上げられることになります。

石垣石の大半は抜き取られていますが、基底石は地中に大半が埋没していることもあり、抜き取られずに発掘調査で我々が見てとることができたのです。この基底石が地上に顔を出していた箇所

桃山町下野出土石垣（木幡山期　下層石垣）

出土した階段（木幡山期　下層）

上板橋通出土石垣（木幡山期　上層石垣）

と、整地土の上層に一回焼けたことを示す焼土層が堆積していました。この焼土層を埋める大規模な整地を行なった上で、上層の石垣が造られます。検出された下層石垣の延長線上で、京都市文化財保護課が階段を発見しました。この階段は下層石垣と同じように階段の上部が全て焼けた土で覆われていました。階段には下層石垣が取り付きます。また、階段の袖石の裏込めには拳大の礫の他に、かなり大きめの石材が入っており、この大きめの石材をどのように考えれば良いのか検討しなければなりません。階段部分についても、焼土層の上層に大量の土砂で整地した後、上層石垣が据えられていたことを示す抜き取り穴と裏込めが残存していました。

次に紹介します石垣は、伏見城本丸の北側を東西に走る上板橋通の拡幅に伴う発掘調査で発見された石垣です。この石垣は木幡山（伏見山）城期の武家屋敷に伴う石垣で、自然石ではなくほとんどが割石を積み上げて造られています。角隅部の稜線を揃えています。揃えようという意図があるわけです。あまり綺麗ではありません。この石垣は裏込めがかなり分厚くなっていますが、間詰石は相変わらず多い状況です。

二条城　東南隅櫓台石垣

最後に、わかりやすい例として二条城の東南隅櫓台の石垣を見ていきたいと思います。完全に江戸時代に入ってからの石垣になります。角隅部を見てください。石の稜線を揃え、算木積みが綺麗にできています。石垣を一方向から見ると、長軸を正面に向けた石材と短軸を正面に向けた石材が交互に積み上げられていることを見ていただけると思います。長い短い、長い短いという積み方から本当に算木積みの状況がよくわかっていただける石垣です。

こういうふうに見ていただくと、最初の旧二条城の時は角隅部に転用材を使って雑然と隅を揃えていることから、徐々に努力しながら隅を揃えていって、角隅部の上部に隅櫓を造ろうということで、石垣の構造がどのように変遷していったのかをわかっていただけると思います。

石垣の変遷をお見せしてきたのは、まとめますと旧二条城の段階では算木積みの発想がないのではないかと思っています。周山城以降、算木積みを活用したのではないでしょうか。ただし、これはあくまでも京都の事例であって、他の地域を包括できるとは考えていません。京都以外はどうかわかりません。それから角の石ですね。旧二条城では何度も繰返しておりますが、転用石を使用しています。転用石といっても、墓石です。有名な話が伝わっています。ルイス・フロイス、イエズス会の宣教師ですが、彼は旧二条城の造営を見学していました。その見学した際の史料があります。史料には、石仏の首に縄をくくりつけて、道路を引きずり回してこの城の建築現場に運んで行って、それを石垣の石材に使ったというふうに書かれています。石仏や墓石、特に墓石は四角い石材が多いですよね。また加工されて形が整っています。すごく使いやすいんです。墓石を転用するメリットがありますので、石垣に使用しています。ものすごい数の墓石が使われています。それではドラマでは墓石を使うことを明智光秀は嫌っていたと思いますが、福知山城など、実際には明智光秀のお城でも結構使われています。先ほどの周山城でも初めての発掘調査で二石見つかりました。それでは豊臣秀吉はどうなのかと言いますと、秀吉はさらにすごいです。方広寺、東大寺の大仏殿よりも巨大な建造物であった方広寺の大仏殿の基壇の石材から大量の墓石が見つかっています。石仏も大量に入っています。寺院建築の土台に石仏を大量に使用している。つまり、当時の天下人の皆さんは使えるものはなんでも使えという織田信長以来の主義は徹底されていると思います。

角脇石、角隅部の石材に隣接する石材のことです。旧二条城では明確ではないのですが、周山城では角隅部の石材に対して一対一ぐらいの比率です。二条城では角隅部の石材が長軸部分が正面に来た際には、その横に一個半ぐらい短軸部分を正面に向けた石材が使用されています。次に平石、角脇石よりも内側に置かれる石材のことですが、これはいずれの城でも水平に並べて積み上げようという意識は感じられますし、努力もされています。しかし、写真を見ていただいた通り、水平になっていない事例が多いのですが、水平に積もうという意図は感じます。

裏込めは、一貫して徐々に幅が広くなっていきます。特に木幡山（伏見山）に移ってからは急激に広くなります。これは地震の影響があるのかないのか、私は地震工学の専門家ではありませんが、北堀公園の石垣のような一部の例外はございますが、明らかに木幡山（伏見山）城期の段階で裏込めの厚さが拡大します。北堀公園の石垣、写真からもお分かりになる通り、結構高い石垣です。この高い石垣にほとんど裏込めがないことは謎です。裏込めがない状態でどのように高く積み上げたのか、一筋縄ではいきません。

さらに見ていきますと、角石、角隅部の石材です。伏見城では検出例自体が少ないのですが、木幡山（伏見山）城期の下層石垣に連なる階段の袖石は角石の可能性があり、長軸を奥に向けて置いているることがわかります。上層石垣の例では、上板橋通の石垣を見ると、算木積みが発展している段階だと考えています。残念ながら、今回のテーマである指月城期の石垣では角石が見つかっておりませんので、一体どのようになっていたのかがわからない状態です。

間詰石に関しても繰り返しになりますが、木幡山（伏見山）城期の下層までは一貫して多いです。

このように見ていただくと、発掘調査ってなかなか難しいなというのがわかっていただけると思います。上の土を取って、そうすると下に別の時期の石垣が見つかる。また、発掘調査すればわかることも多いのですが、新たな謎が次々に出てくるということがわかっていただけるのではないでしょうか。

角隅部、これは石垣を見ていく上で極めて重要です。周山城、木幡山（伏見山）城期の上層、下層とも上部が壊されています。これは典型的な破城行為です。特に上層の破城は、徳川家光がもうこの城を使うことはないと判断して、徹底的に再利用されないように壊したのだと思います。

最後に石材を割る道具の痕跡である「矢穴」についてですが、指月城の段階ですでに矢穴が見られます。今までは木幡山（伏見山）城期に移ってから矢穴が出てくるのではないかと言われていました。発掘調査の現場から行きますと、指月城の段階で少数ですけれども、矢穴が使用されているようになったのではないかと思います。

まとめ——指月城とは

いま、別の論稿で書いているのですが、伏見城跡の発掘調査では、指月城期の時期の石垣、それから木幡山（伏見山）城期の下層石垣の時期、それから上層石垣の時期の三つの時期の石垣が見つかっています。ただし、これらの三つの段階の時期が積み重なって見つかった例は今まで一例もありません。個々の発掘調査では、それぞれ二つの時期しか見つかっていません。指月城期と木幡山（伏見山）城期、木幡山（伏見山）城期の新旧二時期の二つずつの時期しか見つかっていませんので、三つ連続で見つかっているわけではないのです。ややこしいことに伏見城については、四時期編年だと言われています。指月屋敷の段階、指月城の段階、それから、豊臣秀吉が木幡山（伏見山）に本丸を移築した段階、関ヶ原の戦いの前哨戦の後、徳川家康が再建した段階です。これが発見された三時期の石垣とどのような関係にあるのかです。四時期全てが見つかっている訳ではなく、もしくは四時期の遺構があるにも関わらず、我々考古学を専門にしている人間のスキルの問題があるのかもしれません。しかし、発掘現場を見ていると、四時期をきちんと辿ることができますということが言えないのが残念です。

それでは結局まとめとして指月城とは何だろうということになりますと、まず立地。指月城は京と大坂の中間点、奈良や近江への交通の拠点でもあります。いま、東海道線は山科からまっすぐ京都の方へ向かいますが、昔はいったん伏見の方へ下がってから京に向かいます。

指月城は、城郭上は聚楽第から木幡山（伏見山）城期への過渡期に当たります。聚楽第とは異なり、指月城期の伏見城は城の軸線が東西型になります。聚楽第は南北型の軸線です。聚楽第の場合は、北丸、本丸、南二丸という主要な郭が南北に並ぶ形式です。一方、指月城期は東から西へ本丸、二丸、三丸と続く東西型の城に変わっています。

先述の図4を見ていただくと、発掘された二本の濠と北側の立売通りは、真南北に比べて角度が少しずれています。この少しずれた角度を軸線として指月城期の都市計画は行われたという研究者の方もおられます。指月城の中心部分の計画軸線はこの角度かもしれません。しかし、次の木幡山（伏見山）城期についても、場所によって道や石垣の方向軸が違います。ですので、本当に統一的な区画があるのかと言われると、地形によって大きく制約を受ける可能性があると考えています。

指月城はまだまだ謎に包まれた城で、実態解明はこれからですので、皆さんが注視していただければ毎年発掘調査をどこかでしていますので、どんどん復元案が進化していくと思います。指月城の発掘調査は当初十年間の計画でしたので、ようやく半分の五年が終わったところです。今年（二〇二一年）はちょっと休憩しています。予定では二〇二三年度から第二期の発掘調査を復活させる予定です。第二期の発掘調査が進みましたら、新たな成果が出てくるかもしれません。

主要参考文献

馬瀬智光　二〇一六「伏見城跡」『発掘された日本列島―新発見考古速報―』（文化庁）
馬瀬智光・新田和央・中居和志・古川匠　二〇一九「京都府」『戦国・織豊期城郭の石垣』（『織豊期城郭資料集成Ⅴ』（織豊期城郭研究会）
小森俊寛　二〇一九『伏見の丘の発掘成果とまとめ―指月城の復元に向けて―』（伏見連続講座―ふれて、しって、みて伏見―講演資料）
谷徹也　二〇一八「伏見城は「木幡山」にあったのか」『日本歴史』第八四七号（日本歴史学会）
星野猷二・三木善則　二〇〇六『器瓦録想其の二　伏見城』（伏見城研究会）
山田邦和　二〇〇一「伏見城とその城下町の復元」『豊臣秀吉と京都―聚楽第・御土居と伏見城』（日本史研究会）

コラム◉

奥村徳義《のりよし》の『金城《きんじょう》温《おん》故《こ》録《ろく》』に学ぶ

大下　武
［NPO法人東海学センター理事］

御畳奉行朝日文左衛門の勤務場所

尾張藩士朝日文左衛門重章《しげあき》は名古屋城警備の城代組同心の家に生まれ、元禄七年（一六九四）暮、父定右衛門重村《しげむら》の隠居にともない、数えの二十一歳で百石の知行と主税町《ちからまち》の屋敷を相続した。城代組同心は小頭《こがしら》二人を含む五十名からなり御城代に直属する。本丸番《ほんまるばん》と御《お》深井丸《ふけまる》番に分かれ、各番とも三人一組、八日に一度、月に三回ないし四回の勤番が廻《めぐ》ってくるが、それ以外とくに仕事はない。皆、のんびりしている。

※本丸番　本丸内の大天守口御門・小天守金蔵の錠改め、不明《あかず》御門および本丸御殿境《さかい》の両錠口《りょうじょうぐち》錠改め、東一之門横の矢来《やらい》御門から天守下《てんしゅした》広場内の見回り。

※御深井丸番　御深井丸は本丸とは内堀を挟んだ西側で、沼（フケ）を埋め立てて築いた地区。その区域の警備で、大筒などの武器類倉庫、本丸裏の塩蔵《しおぐら》の他、一時は火薬蔵などもあった。

文左衛門は、家督相続の翌年正月から御本丸番についた。城代組同心は百石ながら御目《おめ》見《みえ》の家格で、城の見廻りの際には数名の足軽がつく。朝、辰《たつ》の上刻《じょうこく》（七時）に勤番を交代し、勤番明けの一人が御城代の屋敷を訪れ「異常なし」の報告を行う。新たな勤番はご本丸番所に詰め、午《うま》の刻（正午）、酉《とり》の刻（夕六時）、子《ね》の刻（深夜零時）、そして翌日の卯《う》の刻（朝六時）に数名の足軽と共に本丸内の見回りを行った。

文左衛門はこの本丸番を元禄八年から三年、つづいて御深井丸番を二年、都合五年間勤め、元禄十三年（一七〇〇）御畳《おたたみ》奉行に任じられた。奉行の在任期間は長く、没年の享保三年（一七一八）まで二十年近く続いた。しかしこれだけなら、元禄から正徳年を生きた尾張藩士の一人に過ぎず、とくに取り上げる理由もない。彼が歴史に残る人物として記憶されるのは、二十六年余書き続けた詳細な日記のおかげである。日記はオウム返しならぬ『鸚鵡《おうむ》籠中記《ろうちゅうき》』と名付けられ、そこに書き記された三つの職場、つまり城内の「出仕場所」はそれぞれに異なっていた。

藩士が登城し出仕する「城」は、本丸ではない。名古屋城の二之丸御殿が元和三年（一六一七）に完成し、初代藩主義直公は本丸から二之丸御殿に居を移した（移徙《いし》は元和六年か）。以後此処《ここ》が、殿の居住する「お城」となった。いま二之丸に御殿はなくそのほとんどが庭園になっている。市役所に近い東鉄《ひがしくろがね》門から名古屋城へはいると、入場口辺がかつての大奥の長局《ながつぼね》（奥女中の住まい）で、そこから直進して二之丸表御殿《おもてごてん》（お城・役所）の中を突っ切り加藤清正像へ、そして本丸の南大手門（南二之門）に至る。

では朝日文左衛門の三つの職場が何処にあったかというと、これがまるで見当もつかない。それを教えてくれたのが奥村得義《のりよし》の『金城温故録《きんじょうおんころく》』である。以下、同書を丹念に読むことから始め、三か所の出仕場所つまり文左衛門の職場を特定し、さらに名古屋城第一番の物知り博士「奥村得義」という人物について調べてみたい。

本丸番所

本丸番と言うくらいだから、彼が詰める「番所」は本丸内の何処《どこ》かにあるのだろう。いま名古屋城への入場は、搦手《からめて》の東門か、能楽堂北の正門である。どちらから入っても中央の広い東西道をほぼ同じ距離歩き、本丸の南大手門に至る。ここで土橋を渡り辺長二十メートルの石垣に囲まれた「枡形《ますがた》」に入る。枡形は、城の防備のために欠かせない出入口の施設である。最初に南（表）二之門を潜《くぐ》って枡形に入り、東に折れて一之門（今はない）から枡形を出る。一、二が逆な感じもするが、藩では入城ではなく出陣を念頭に置き、城内側の門を「一」にしたという。その枡形内に番所があった。南一之門の枡形は南北十二間・東西十間の規模で、その中に置かれた御番所について、次のように解説している。（『金城温故録』本丸編・大手部。以下「本丸図」参照）

○御番所　東西棟行《むねゆき》七間、南北梁《はり》二間、上之《じょうの》間《ま》八畳、次の間十畳、御本丸御足軽頭勤番所、いま、此の御役名改まりて御本丸詰物頭《ものがしら》という。常番同心三人の内、役人一人なり。元禄年間の図に、此の御番所、二の御門内西側に東向きにあり、其の後今の如く升形の北側へ引きて南向きとなる。年月知れず。

※　番所は東西七間、南北幅二間、八畳と十畳の部屋があり、本丸足軽頭が勤める場所である。いま此の役名は本丸詰物頭と改まった。常番の同心三人のうち一人が詰める。元禄年間の図には枡形の西側石垣沿い東向きに在ったが、いまは北側石垣沿い南向きに変わった。

当初、この大手枡形内の番所を「本丸番の詰所」と考えていた。足軽頭（のちに本丸詰物頭に改名）と、常番の同心三人のうちの一人がここに詰め、その詰所は元禄期までは門を入ってすぐ左側に在ったが、今は門の正面に建て替えられた。足軽頭と共に文左衛門たち城代組同心が交互に詰める場所はこの枡形内の建物だろうと思ったが、「足軽頭の勤番所」と明記されている点や、門番小屋のような位置にあるのが、どうも気にかかる。

枡形を通って先の本丸広場まで進んで行くと、天守閣東の広場に面してもう一つ別な番所のあることが分かった。そこには「御本丸御番所」とはっきり書かれてあり、次のように説明されている。

○御本丸御番所（糒多門の土居の下に在り、東西棟行七間・梁四間） 上間《じょうのま》（十二畳敷き、北に納戸・便所在り）昼夜常に御番の衆、之に居り。勝手間（北に納戸、東に土間）昼夜詰番御中間、之に居り。

※本丸番所は、非常食の糒《ほしいい》（乾燥して貯えておく飯）を貯蔵した多門の土居下（土手下）に位置する。東西に七間と長く、幅は四間で十二畳敷の上間には納戸と便所が付属している。ここに昼夜の別なく城代組本丸番が常駐し、隣の勝手間には中間が詰めている。

先の桝形内の番所にくらべ梁行《はりゆき》が二倍で二十八坪と大きく、立派である。十二畳の部屋なら当番の同心三人は十分休める。隣の勝手間で、中間《ちゅうげん》或いは同心の召仕らが食事を作るのだろう。本丸組同心の勤務場所は、どうやらこちららしい。いま天守閣前広場に売店があるが、その東側の林の中あたりだろうか。

御深井丸番所

文左衛門は本丸番として本丸番所に三年間通ったあと、御深井丸番に替わった。彼の記した『鸚鵡籠中記』の「正徳五年（一七一五）八月二日、夜お城に盗《ぬすみ》入る」話に、御深井丸番所の位置が詳しく書かれていて『金城温故録』（御深井丸部）の「御深井丸御番所」を併せ読むと理解し易い。話はこうだ。

○八月三日の未明、御深井丸番《おふけまるばん》山田某の召仕が、主人らの朝食の準備に番所へやってきた。本丸内堀（空堀）南西角の「吹貫《ふきぬき》御門」（昼夜とも開け放しの門、今はない）を潜り、内堀の西のラインに沿った「大門《だいもん》通」を北におよそ百メートル弱進むと、御深井丸の大手にあたる「透《すかし》御門」（門扉の格子から中が見える）に至る。この門の柱には拍子木が掛けてあり、これを叩くと正面の土居（土手）の裏手にある番所から御番の足軽が出てきて、錠を開けてくれる。召仕は例のごとく拍子木を叩こうとしてふと見ると、すでに錠が開いている。不審に思いながらも手間が省けたと、そのまま御深井丸に入り番所の戸を開けた。

○御深井丸御番所は、棟行東西七間半、梁四間の建物で、中は上中下と三ッ割の間取が有り、そのうちの東の上之間十二畳に御番の衆三人が、昼夜を通して控えている。拍子木の音も聞こえずいきなり入ってきた召仕に驚き、山田某が「誰に開けて貰ったか」

御本丸大体図

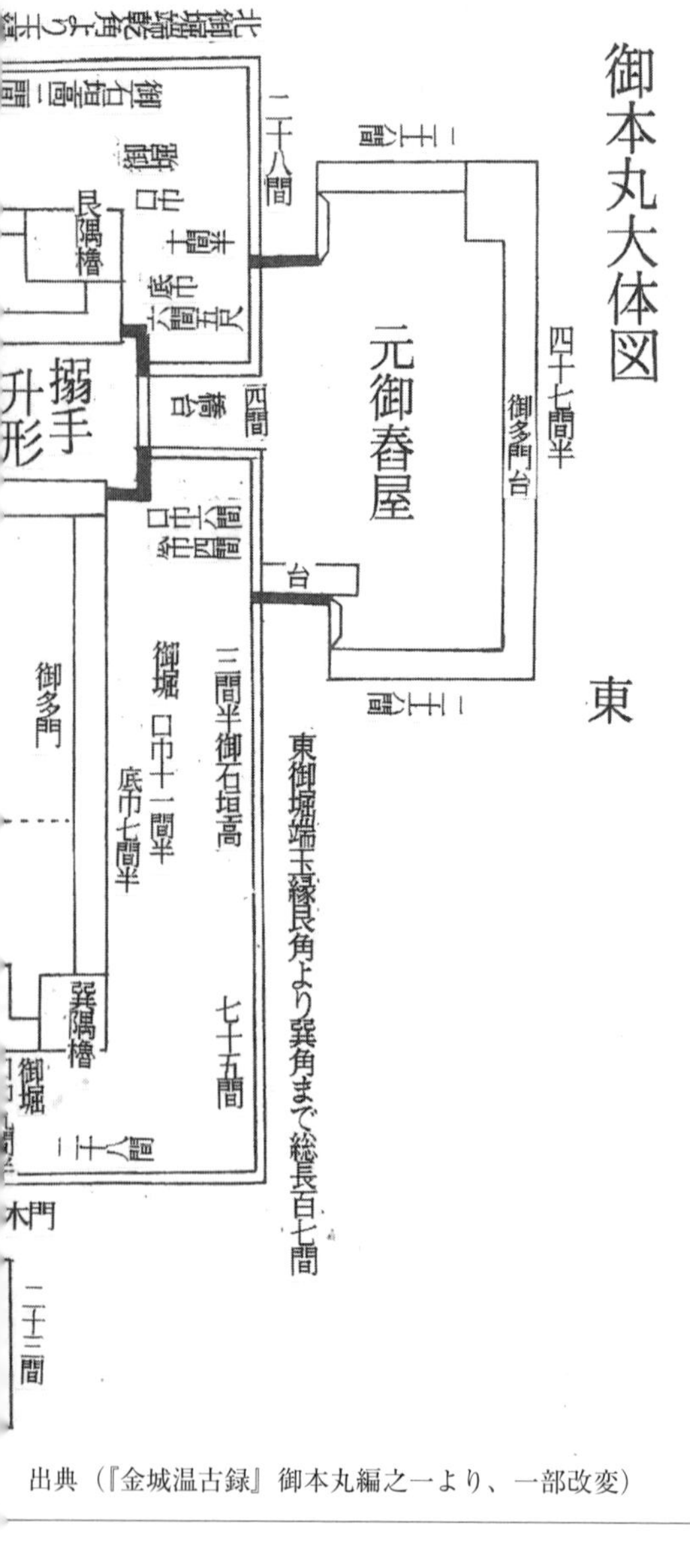

出典（『金城温古録』御本丸編之一より、一部改変）

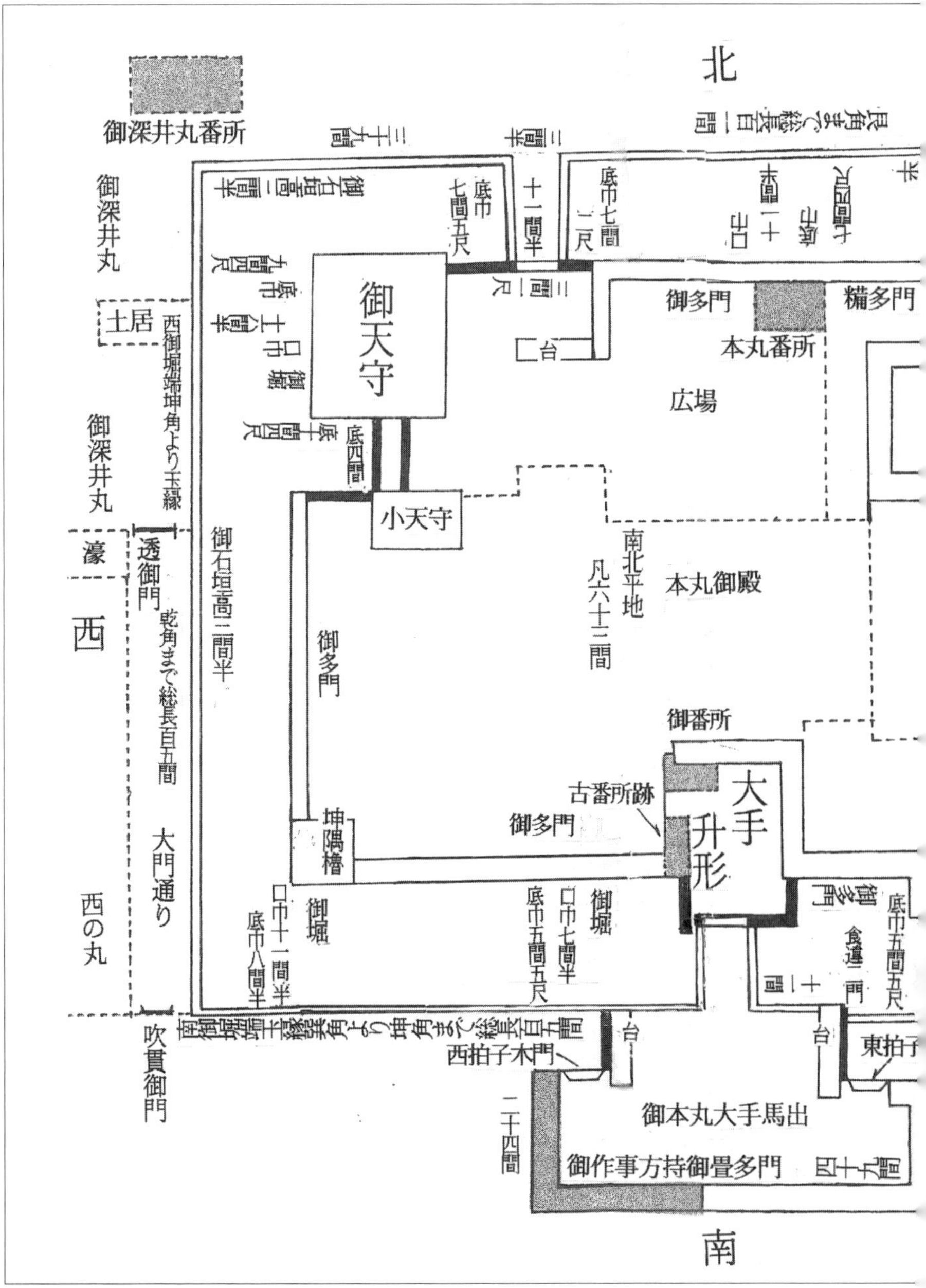
北
南
西
御深井丸番所
御深井丸
土居
濠
西の丸
大門通り
透御門
吹貫御門
御天守
小天守
広場
本丸御殿
本丸番所
御多門
糒多門
御番所
古番所跡
大手升形
坤隅櫓
御本丸大手馬出
御作事方持御畳多門
西拍子木門
御堀
台

尋ねると、「開いていた」と答える。つづいてやってきた足軽も同じことを尋ね、召仕は同じように答える。二人とも子の刻に巡回した者が錠を掛け忘れたものと思い込み、「黙っているよう」召仕に言い含めた。実は泥棒が開錠したのだが、二人の頭には浮かばない。「天下の名古屋城に泥棒など入るはずはない」と信じていたのだろう。

話の結末は先著『朝日文左衛門の事件』（ゆいぽおと社・二〇一九年）に譲るとして、この事件の経過説明により、御深井丸の番所が内堀の北西角の近くにあることが確かめられた。文左衛門は、この御深井丸番所へ二年間通った。ちなみに盗難事件のときはすでに御畳奉行になっていて、警備の責任を問われることはなかった。

もう一つ触れておくと、盗人の目的は本丸小天守の御金蔵で、このあと御深井丸を東へ進み、本丸北の塩蔵《しおぐら》を経て元御春屋《おつきや》に出、ここから本丸東門すなわち搦手《からめて》枡形に入る。大胆にもこの枡形内の敷石を剥がして穴を掘り、そこから東一之門の下をくぐって本丸に入った。この東門枡形正面の石垣は「清正石《きよまさいし》」と称する巨石が使われており、見学した人も多いはずである。枡形の東門は東鉄《くろがね》門（旧二之丸東二之門）を移したもので、本来の門ではない。本丸側の門（東一之門）は、焼失して今はないが、盗人はその門扉の下に穴を掘り、本丸に侵入したのである。

本丸に入った盗人は、本丸御殿裏（北側）の広場を突っ切り、御金蔵のある小天守を目指そうとした。しかし深夜とはいえ、広場に面して建つ「本丸番所」が目障りで、なかなか百メートルの広場を突っ切っては行けない。そこで糒《ほしいい》多門をのせる土居（土手）に登り、番所の北裏を迂回するかたちで大天守・小天守へ至ったと思われる。盗人たちは「御

深井丸」や「御本丸番所」の位置をちゃんと調べていたのである。（以上、本丸図を参照）

本丸番所の同心や足軽は夜が明けるまで気が付かなかったが、さすがに早朝の見回りで異変に気付いた。しかし御深井丸番の方は交代後も気付かない。ともに番が明けて帰宅する両者が、偶々《たまたま》道で出会い、本丸番が昨夜の侵入事件を話題にしたのに、御深井丸番はそれでも深夜の錠前の件に気付かなかったという。ご金蔵や御殿を抱えている本丸に対し、御深井丸警備の気の緩みを物語っているといえよう。

御畳奉行の役所

文左衛門が御畳奉行になってからの出勤場所は、特定するのが難しかった。寺社奉行や町奉行・国奉行など代表的な奉行所は外堀に沿った片端通りにあったが、その他にざっと六十以上あるお奉行の勤務場所を、一々探し出すのは骨が折れる。

日記に具体的な「場所」が出て来ないかと探したが、「寄合帰りに……」「お役所帰りに……」とあるものの、場所までは書かれてない。当然のことで、今でも「勤め帰りに……」とは書いても、「中区三の丸三丁目の役所の何階の何課の帰りに……」とは書かない。日記には、自明のことは原則書かない。それでも何処かにヒントはあるかも知れないと、淡い期待をもちながら読み進んで行くと、次のような記事に出会った。

○元禄十三年九月四日　予、御多門《ごたもん》より直に未前《ひつじまえ》中村覚左へ行く。御作事《おさくじ》奉行残らず、鈴木伝太・斎谷甚右衛門・同小市なり。政右は行かず、暮れて帰る。

※元禄十三年当時の御作事奉行は、中村覚左衛門のほか野呂増左衛門・河村丹左衛門・今井甚左衛門・横井小太夫の四人で、加えて鈴木伝太・斎谷甚右衛門・同小市が中村の所へ集まった。御畳奉行も呼ば

れ、朝日文左衛門は「御多門」から直接中村の所へ行った。文左衛門の同僚若尾政右衛門は欠席。翌日、上層部の寄合に四人の作事奉行が呼ばれ、御国御用人から「今迄御下《おした》屋敷の作事は中村一人が担当していたが、中村の辞任後（十一日付け）は四人で勤めるよう江戸から通達があった、と告げた。

○宝永六年八月二日　御多門にて酒肴給ぶ。

○宝永六年八月四日　御多門にて権七悴《せがれ》の元服、酒肴。

※御多門で酒を飲んだ。
※権七の悴の元服を執り行った。

○正徳二年正月二日　巳《み》の刻過ぎ、予お盃《さかずき》頂戴奉りて御多門へ行く。弥次右《やじう》とともに弁当給《た》ぶ。それより礼に廻り、未《ひつじ》過ぎ皈《かえ》る。

※殿様の「お流れ頂戴」は正月の元日と二日、御目見以上のすべての藩士が出席する恒例の年賀行事で、文左衛門はこれに出たあと「御多門」へ行き、同僚の若尾政右衛門（弥次右衛門）と弁当を食べた。それから諸方へ新年の挨拶回りをし、夕四時ころ帰宅した。

○享保二年二月廿六日　御多門にて、井村喜平治持参の弁当給ぶ。

※「御多門」で井村喜平治が差入れてくれた弁当を食べた、という記事。
井村家は「公儀御畳屋・伊阿弥修理の手代」とあり、享保十七年に家督を継いだ修理が「前代同様に井村治兵衛へお切米十五石を下される様願い出て許可された」という記録がある。手代は同心より少し上で、切米の十五石は妥当な額。年代から見て『日記』の喜平治の子が治兵衛であろう。公儀御畳屋が、御畳奉行に弁当を差し入れ、それを役所（多門）で食べたという記事。

多門《たもん》（多聞・多聞櫓《やぐら》とも）は石垣の上に建てられた「白壁の長屋」で、城の絵や写真でよく見るが、現存するものは大坂城・福岡城など数少ない。永禄年に松永久秀が大和志貴《しぎ》の城に在ったとき、南都東大寺・興福寺に近い眉間寺山（比高三十メートル）に城を築き、櫛の塀を長屋造りにして「多聞流の城」と称した。今は「多聞山《たもんやま》城」と呼ばれている。残念ながら名古屋城に多門は現存せず復元もされていないが、かつては石垣の上に六百間以上にわたって白壁が連なり、幅（梁間）三間の立派な長屋づくりだったという。厚い壁は防御壁となり、場所によっては鉄砲狭間《はざま》等が開けられて防衛上大切な役割を果たしたが、平時は倉庫としても利用され、荒和布《あらめ》・糒《ほしいい》・梅干・弓矢・具足・旗・幕などが保管された。

日記の記事では、この御多門で飲み食いしたり、知人の子の元服を執り行ったり、また食事が差入れられたりしている。おそらく数ある多門（倉庫）の一角に、「御畳奉行の役所」が設けられていたのであろう。そこで城郭の多門を順次あたり、奉行所になりそうな場所を探してみる。候補は、意外な所で見つかった。本丸大手南門の正面「馬出《うまだし》」である。馬出とは城門の前を四角く土手で囲い人馬の出入りを知られないようにした区画で、出撃時に隊が勢揃いする場ともなる。本丸大手正面だけでなく、元御舂屋《おつきや》の搦手《からめて》（東門）にも馬出がある。『金城温古録』本丸・大手部には、「御馬出」と題して詳しい図とともに解説が載り、そこには「本丸の南門を囲った出丸で、大手門外の枡形のこと」とある。なるほど見方を変えれば馬出もまた大きな「枡形」である。

いま入場門から中へ入れば本丸大手門まで遮るものがないが、昔は東ないし西の拍子木門を通る必要があった。『金城温古録』は延宝四年（一六七六）の史料（賄方古帳）を引き、「御本丸南の御門外土橋の両脇の御門（東・西拍子木門）、昼夜ともたて置き、断り次第通し申す筈と云々」とあり、「元禄以前は拍子木門が閉じられていて一々通行の許可（断り）が必要だったが、今は左扉に潜り戸が設けられ、昼は常時開いている」と解説する。

東拍子木門から馬出《うまだし》に入ると、当該区画の外郭を土居が「コの字」型に囲んでおり、上居上に多門が設けられている。添付図は元禄十年図記とあるから文左衛門の頃だ。総長九十一間、梁三間で、土居の前面にはどこからでも多門へ上れるように、雁木《がんぎ》（石段）が設《しつら》えてある。多門を管理する役所は、東から順に賄方《まかない》、納戸方、勘定所方、寺社方、そして作事方の「御畳多門」とつづく。この御畳多門が、御畳奉行の役所にあたるのではないか（図のアミかけ部分）。

実は本来倉庫である多門に役所を設けた例は、ほかにもある。御天守方役所の天守鍵《てんしゅかぎ》奉行所は、「本丸番所」の裏手の土居を上った「糒多門《ほしいい》」の一角にあった。

『金城温故録』本丸編之六「御天守方役所（本丸北土居雁木の上にあり）」に、「御天守鍵奉行御役所なり。一名は糒役所、また糒方なども云えり。二席あり、上《かみ》の部屋は御鍵奉行着座、下《しも》の部屋、配下同心の詰所なり。糒製造の器物もここに納め……課役として塩・荒和布の事をも掌《つかさど》れり」とある。雁木《がんぎ》とは石段のことで、本丸番所左手奥の土居に設けられている。この石段を二十七段上ったところの多門が御天守鍵奉行の役所で、文左衛門の父定右衛門は、二十年間天守鍵奉行として此処に通った（延宝三〜元禄七／一六七五〜一六九四）。文左衛門がご本丸番となり番所に初出勤した日、本丸番所の裏手にある糒多門を見上げ、しばし感慨に耽《ふけ》ったことであろう。

以上、文左衛門の出勤場所三か所について、一応の特定を試みた。城の番人の出勤場所など些細な事柄に過ぎないが、それを丁寧に教えてくれる『金城温故録』に改めて感心した。筆者のような門外漢にも十分理解できる解説である。この平易な叙述法をどうやって身に着けたのか考えている内ふと思い当たったのが、著者の奥村がいわゆる「学者」ではないということだ。学者は学問上の基準を持っていて、それで裁断してゆく。理路整然と論を組み立てるには都合が良いが、結果、素人の知りたいことが端折《はしょ》られる。名古屋城の百科事典『金城温古録』には不思議な読み易さがあって、その理由は、奥村の叙述に学問的手法が備わっていない為ではないか。『金城温古録』の校閲で奥村を助けた細野要斎も「翁の性、篤実温厚、事を処するに綿密、文学は無しといえども書を読むを好みて、皇朝の書・仮名類の書は多く蔵す」（『感興漫筆』廿一）と評している。この「文学のない」奥村という人物に、俄然興味がわいてきた。

奥村得義

旧版『名古屋市史』（学芸編）は、奥村を次のように紹介する。

○名古屋城の研究を以て名のある奥村徳義《のりよし》（のち藩主茂徳の名を避けて得義と改む）は、松濤《しょうとう》と号し、通称を定兵衛という。御普請方の吏より累遷《るいせん》して、御広敷御用達格《おひろじきごようたしかく》掃除中間頭にいたる。文政（一八一八～三〇）の頃より名古屋城の故義・事実の研究に志し藩に請いて許され、得るに従いて録するもの二十二年、天保十三年（一八四二）より稿を起し、万延元年（一八六〇）稿成りて献ず。『金城温古録』すなわち是《これ》なり。功により御広敷御用達格となり加秩せらる。すべて六十四巻、その特殊の研究において特に尊重すべし。愛蔵の書頗《すこぶ》る多く、とくに名古屋に関する秘密を尚《とうと》ぶ一切の書を輯《あつ》めて圀秘録《こくひろく》と命じ、又故事見聞を録して随筆『松濤棹筆《しょうとうとうひつ》』を編せり。文久二年（一八六七）七月二十五日没す。享年七十八、八事山興正寺《はちじさんこうしょうじ》に葬る。

まず徳義（のち得義）という名前の読みだが、『市史』は「のりよし」とルビを付し、『松濤《しょうとう》棹筆《とうひつ》』の解説者小島廣次《ひろじ》氏もこれを支持する。ほかに名古屋市博物館の解説本は「かつよし」とする。小島氏は「徳義」時代の「予」の横にノリヨシの朱書があること、漢字の「徳と得」は同音同訓であることから、改名の前・後ともに「のりよし」の読みでよいとされる。今これに従う。なおここでの表記は、改名後の「得義」に統一する。

得義は「御普請方《ごふしんがた》の吏より累遷して、御広敷御用達格掃除中間頭にいたる」とある。何か難しそうなお役目に思われるが、要は「御普請方の小役人から出発して、御掃除中間頭まで出世した」という意味だ。もう少し具体的に言うと、次のようになる。（市橋鐸「奥村得義素描」）

○文化二年（一八〇五）十三歳、御普請方物書無息見習。

○文化六年（一八〇九）十七歳、御普請方添物書並。銀一枚下され置く。

○文化八年（一八一一）十九歳、御普請方手代並。御切米七石・二人扶持。

○文化十一年（一八一四）二二歳、御普請奉行手附吟味方本役。御切米二石加増。

普請方は普請奉行の管轄下で、城堀・石垣・道路・橋梁などの土木に従事する仕事をいう。父は切米十石足らずの薄給で、両親と子供五人の生活は苦しい。得義はわずか数えの十三歳で土木関係の物書（記録係）の見習いとなった。四年後に物書並《なみ》（物書本役に準ずる意）となり、初めて手当銀一枚（丁銀四三匁、一両一五万円換算で約一〇万円）が下された。それから二年後の十九歳のとき御普請方手代だった父が五十三歳で亡くなり、家督を相続して手代並となり、切米七石と二人扶持を賜った。因みに尾張藩の足軽同心の初任給は六石と二人扶持、奥村家は足軽なみの収入と考えてよい。それから三年後の文化十一年、「御普請方手代」の名称が「御普請方奉行手附吟味役」というややこしい役名に変わったが、その直後「並」がとれて「本役」となり、父没後三年にして父と同じ役職「(旧称)御普請方手代」を継ぐことになった。それにともない二石増えて九石二人扶持、およそ玄米六俵分の加増だが、薄級の身には嬉しかった筈だ。

○文政三年(一八二〇)二八歳、御掃除中間頭並、仰せつけらる。九石二人扶持変わらず。

○文政七年(一八二四)三二歳、御掃除中間頭本役。加増一石、加扶持一人分、十石三人扶持。

※中間(ちゅうげん) 最下位の侍(足軽)と小者(下男)との中間の意。羽織袴・大小は許されない。奉公人の最下位。

※中間頭 中間を支配して作事・普請を監督。

※御広敷御用達 奥方や姫君の御用を承る御用人の指図を受け、出入の町人に買物を命じる役。大奥一切の調度を掌る。御目見以上の格。

六年後御掃除中間頭並、つまりお掃除に従事する中間たちの監督並《なみ》となり、四年後に並が取れて本役になった。並は御普請方手代と同じ給与だが格は上で、四年後に本役になって一石と一人扶持分が加増となっている。この御掃除中間頭となった三十二歳ころ、名古屋城の研究を思い立ったという。市橋鐸氏は「御普請方という役柄、自ずと城に興味を憶え、以後四十年近い歳月をかけ研究した」と述べられている(前掲書)。

○文政九年(一八二六)三四歳、手習師匠をはじめる。没年まで三十七年間、受業者千百人。

○天保三年(一八三二)四十歳、杉山氏娘・喜佐(廿八歳)を娶る(以後生まれた二男五女皆夭折)。

○天保十二年(一八四一)四十九歳、常々存入り厚く出精相勤候由にて加増二石、十二石三人扶持。

○弘化元年(一八四四)五十二歳、格別存入り厚く出精相勤候由にて御《お》徒《かち》格仰せつけらる。

○弘化三年(一八四六)五十四歳、友次郎(弟半平の孫・大宮平助の三男、七歳で養子入り)

掃除中間頭見習。

○万延元年（一八六〇）六十八歳、『金城温古録』乾《いぬい》の巻（天守・本丸・御深井丸編）三十一冊を、ご城代滝川又左衛門の許へ差出す。

※坤の巻（二之丸・御城・御深井丸御庭・三之丸・拾遺編）三十四冊は未校閲のため算定せず。

○文久元年（一八六一）六十九歳、当役久々相勤め、其上御城内古義《こぎ》編集《へんしゅう》方、年来骨折り取調候奇特の由にて、御広敷《おひろじき》御用達格（御目見以上）となり、加増一石。掃除中間頭は是迄《これまで》通り。十三石三人扶持。

○文久二年（一八六二）七十歳、春頃より病む。七月日城代より質疑、友次郎に口述。廿五日永眠。

三十二歳の頃「金城（名古屋城）の研究・叙述」を思い立ち、それから三十五年余経った六十八歳のとき、漸く一区切りがついた。その功に対し与えられた褒賞が「一石のご加増」で十三石三人扶持、これが亡くなる前年にたどり着いた禄であった。それでもぎりぎり御目見以上の家格となったのは救いであろう。

山田秋衛氏は、「藩のため、城のため、四十年の辛労を重ね、あまつさえ多くの自費を投じて六十五巻（乾の巻三十一冊・坤の巻三十四冊）の大著述を作りあげた。その褒賞が僅かに切米一石の加増とは尾張藩六十余万石にも、具眼の人なしの嘆を発せずにはいられない」（『金城温古録』解説）と、嘆かれ、また市橋鐸氏は「誰に頼まれたというのじゃなく、またお金になる仕事でもないのに、われからうち込んで苦労しているのだから常識人から見たら狂人沙汰であろう。だがこうした御仁があってこそ、文化の礎は築かれてゆくのである」（『前掲書』）と述べられている。

奥村は『金城温古録』序で「官途に於て往年（文政四年巳の頃・得義廿九歳）御評議あらせられ、命を降さるるは、これが為なり（城の歴史を知らずに旧制を犯すことのないよう）と承りぬ。是に於て賤臣不当の微衷を抱き、奉職の暇を以て城の故義事実を探索する事年あり」と述べ、このなかの「評議によって命を降す」を「藩命によって」の意に解し、奥村の城の研究・叙述を「藩命による事業」と捉える見解があるが、果たしてそうであろうか。

『感興漫筆』（細井要斎の随筆『葎の滴』の一部）に、安政五年八月得義が『古義（金城温古録）』を脱稿、上層部への「上表文」を草した記事が載る。内容は『古義』編纂の趣旨を述べたもので、この時の御城代は滝川又左衛門（安政二～文久二／一八五五～一八六二）と成瀬内記（安政三～文久二）である。

○……大切の場所柄、一存を以て取調べ候義は、恐れ入り奉りべき義に付き、何卒お聞済み成下し置かれ候わば、著述仕度志願の旨申し上げ候処、（化政期にご城代だった）中条多膳殿ご満悦なされ、右志願の趣、年寄衆・軍用掛り（竹腰城州殿・滝川豊州殿）まで御演達《ごえんたつ》成し下され候処、奇特之旨《きとくのむね》仰せ聞かされ御座候旨、多膳殿ご内意成下され、其れ以来右古義編述の義、数年心がけ来り候処、天保十三年二月、（ご城代の）玉置小平太より出来候だけの草案差出すべき旨仰談され、十冊ほど入り奉り御一覧、弘化二年十月、（ご城代の）肥田孫左衛門殿右同様にて、一入《ひとしお》出精仕り候様仰付けられ、下略。

※奥村が城の調査を始めるにあたり、大切な場所に立入って調べるのは恐れ多い事ですが、記録に残しておきたいのでお聞届け頂きたい旨申上げると、（文政七年頃の御城代）中条多膳殿は喜ばれ、御年寄衆へもお伝え頂き、「大変奇特な話である」とのご内意もあって、以来古義（金城温古録）の編述に傾注してきた。二十年近く経った天保十三年にご城代の玉置様から完成した分だけ草稿を提出するよう請求があり十冊ほどご覧に入れた。次いで三年後の弘化二年、ご城代の肥田様にもご覧いただいた処、一層努力してもらいたい旨のお言葉があった。

この上表文の草稿を奥村は細野に見せ、か

つ「古義」廿二冊（凡例・御天守編・御本丸編・御深井丸編）の校閲を頼んだ。奥村はここ五年来親交を結ぶ小寺玉晁を介して細野を知り、お互いに「温厚篤実」とその人柄を褒め合っている。細野を十分学識・見識を備えた人物と見定めたのであろう。細野は「古義」の校閲を進めながら、「古義」の名に物足りなさを感じ、『温古録』の題を提案、話合いの結果書名が改められ、これ以降の文書には『金城温古録』の名が用いられる。

この上表文を読む限り、「城の調査と記録の許可」をときのご城代に願い出、城代が念のためご家老に申し上げた処、「今どき奇特な話だ」とお褒めの言葉を頂き、許可が下りた。藩が命じた調査でも藩の事業でもない。奇特な下級藩士の一人が「城の調査し記録することの許可」を願い出て、「よろしい」という事になったのである。

藩の事業なら予算と人間が付く。しかし奥村は調査費捻出のため子供向けの習字塾を開き、それが三十七年間に及んだ。塾で得た金の使い道は「閫奥《こんおく》（奥深い場所）の地は、其の職の人に託して尋ね求め、謝贈等の費も多く」「初稿より精好の美濃紙に大字に写せば、紙筆墨の用費も多く」「資考の書も多く買い、借見《しゃっけん》せるときは謝物を贈る」、つまり立入が難しい場所を担当役人に調べて貰った謝礼や上質の美濃紙と筆墨の購入費、参考資料の購入や貴重本を借用した謝礼に充てたという。こうした費用を全額塾の月謝で賄ったのである。先に引いた名古屋叢書の編集委員市橋氏や山田氏も、賛辞の中で「藩命事業云々」の言葉は使われていない。

当時掃除中間頭などの軽輩が立入れない場所もあり、まして城の各所を間竿や紐を用いて測れば不審を抱かれるだろう。そういうときに備え、あらかじめ出入りする許可や計測の承認を得たのである。その範囲も御城代支配の作事奉行や普請奉行、天守鍵奉行らが管轄する場所であり、そもそもこの時点において「城の全体を調査実測し個々の施設成立の歴史を記述する」とてつもない仕事が成し遂げられるとは、誰も思っていなかった。

得義の生誕地

奥村得義は寛政五年（一七九三）八月十八日、母の在所「葉栗郡光明寺村・小島仙次郎方」に生まれた。光明寺村は村内の天台宗遍照山《へんじょうさん》光明寺《こうみょうじ》に由来する名で、明治三十九年に郡名の葉栗をとって葉栗村となり、昭和十五年に一宮市に編入された。葉栗郡成立の歴史は古いが、平成一七年に最後まで残った「葉栗郡木曽川町」が一宮市に編入され、郡の名は消滅した。いま「光明寺」は、木曽川左岸に沿った一宮市の「一町名」として残る。

「葉栗郡」は、古代の百科事典『倭名抄《わみょうしょう》』に「尾張国葉栗郡」として出ているが、それより三百年古い藤原京の木簡には「尾治国羽栗評《おわりのくにはぐりこおり》

【奥村家】

—仁右衛門元儔《もとなみ》（尾藩に仕官、名古屋に居住、御掃除中間頭。享保四～寛永五・七十五歳）
戸崎吉左衛門女
　—仁兵衛為綱《ためつな》（号如圭、御普請方手代。宝暦九～文化八・五十三歳）
戸崎吉左衛門女
　—定兵衛得義《のりよし》（松濤・純和院得義子達居士）…（養子）…友次郎
杉山重右衛門女喜佐（明治十四没・七十六歳）
　—二男五女（早世）
　—半平（大宮家へ養子）——平助——友次郎

小島仙次郎（葉栗郡百姓）
妻（平岡氏）
　—元（明和七～天保四・六十四歳）

尾張の葉栗と美濃の羽栗
（日本歴史地名体系より）

（のちの郡）」とあり、古代には「葉栗」「羽栗」の両様を書いたらしい。しかし今はまったくの別物なので、注意を要する。

古代の葉栗郡は木曽川の左岸つまり尾張国北端に在って、かなり広大な郡域をもっていた。ところが天正十四年（一五八六）の大洪水で、葉栗郡の真ん中を木曽川が突き抜けた。いま木曽川が大きく南へ屈曲する辺の北側に境川があるが、これが洪水前の木曽川本流であり、「境」の名は濃・尾二国の境界を示していた。洪水の後、本流はそれまで黒田川と呼んでいたひとつ内側の流路を流れ、長良川との合流地点も墨俣よりずっと南の海津市成戸《なりと》へ移った。ときに秀吉は、新たな内回り流路（現在の木曽川）を濃・尾両国の境と定め、尾張国側にとどまった葉栗郡に対し、美濃国側に移った郡を「羽栗郡」と表記させた。木曾川を挟んで「葉栗」と「羽栗」の二郡が併存することになったのである。

尾張の葉栗郡は木曽川左岸沿いの、宮田村・瑞穂村・光明寺村・北方村等十三カ村からなり、そのうち東側の四カ村は江南市、西側九カ村はいま一宮市に属している。

一方、美濃側の羽栗郡は、境川と木曽川に挟まれた六十余カ村で、明治に入って合併により数を減じた。明治三十年、羽栗郡は南に隣接する中島郡と合併、両郡の一字ずつを取って羽島郡が成立した。羽島郡には笠松町・岐南町の二町のほか十八村が含まれたが、羽島市の誕生や周辺市への編入などで次第に整理され、いま羽島郡に残るのは当初からの岐南町・笠松町のみである。

「葉栗郡光明寺村」にこだわったのは、名古屋叢書『金城温故録』の校訂をされた山田秋衛氏が同書冒頭の解説で、「妻（得義の母）は美濃光明寺村の百姓小島氏の娘で、元と云った」（傍点筆者）とされ、尾張と美濃が混同され易く、その理由に触れておきたいと考えたからである。正しくは「母の元《もと》が二十四歳のとき、在所の尾張国の葉栗郡光明寺村小島仙次郎方で誕生、千代松と命名された」である。

奥村一族

奥村氏は美濃の出身で、祖の甚十郎正純《まさずみ》は天正十六年（一五八八）に生まれ、郷士として戦国時代を過ごした。つづく正辰《まさとき》・正紹《まさつぐ》・正勝《まさかつ》を経て五代目仁右衛門元濤《もとなみ》は、美濃の加納から名古屋に出て尾張藩に仕え、御城御掃除中間頭《ちゅうげんがしら》に取り立てられた。

元濤は得義《のりよし》の祖父にあたり、教養もあり文武に秀で、進取の気に満ちた人物であったという。得義が細野要斎《ほそのようさい》に送った手紙に「祖父なるものは私の様なる文盲にも御座無く候」（『感興漫筆』）と記し、自分を尾張藩へ導いてくれた祖父に対しては終生崇敬の念を持ち続けていた。祖父は城西の巾下《はばした》辺に住み真宗法蔵寺《ほうぞうじ》を菩提寺としたが、安永七年（一七七八）曾祖母《そうそぼ》が亡くなったのを機に八事山に墓地を買い、一族の墓をここに移したという（山田秋衛解説）。

元濤は寛政五年（一七九三）に亡くなったが、奇しくも同じ年に得義が誕生した。父仁兵衛為綱《ためつな》は祖父の禄を継ぎ、葉栗郡光明寺村（一宮市光明寺）の百姓小島氏の娘「元《もと》」を貫い、得義ら三男二女を設けた。父については特に語ることもなく、解説の秋衛氏は「或いは病身ではなかったか」とされる。実際得義には、「（父よりも）祖父の血を継ぐ」という自負があった。祖父の生まれ変わりとまでは言わないが、「祖父の没年と彼の誕生年が同じ」という事実は見過ごせない。

得義が「名古屋城の全記録」というとてつもない事業を思い立ったのは何故か、考えてみた。市橋鐸氏は「御普請方という役柄に終始していたので、この方面に興味を覚えた」とされる。平凡な表現だが、この考えに賛同する。理由はこうだ。

普請方は、城の土木に関わる分野を担当する。具体的には「城の堀と橋と石垣、水路などの管理・補修、測量」を掌る。いわば城の土木屋である。組織図によれば、御城代配下の御普請奉行が「普請方の諸役」を指揮する。得義の父為綱は「御普請方」の手代で終わり、得義も又「御普請方」の物書《ものかき》にはじまり父と同じ「御普請方手代」になり、その後祖父と同じ「御掃除方」の中間頭《ちゅげんがしら》になった。これが三十二歳のときで、この頃からお城の記録を思い立ったという。ここがポイントである。尾張藩の「御掃除中間頭」は御歩行格《おかちかく》以下で御城代の支配にあった。

「御掃除中間頭」を幕府の職制の中に調べたが、同名のものはなく、恐らく「御掃除頭」が該当すると思われる。幕府の御家人の中で最も身分が軽く、士分ではあるが侍あつかいされない「五役」というものがあった。中間《ちゅうげん》・小人《こびと》・駕籠之者《かごのもの》・黒鍬之者《くろくわのもの》・掃除之者《そうじのもの》がそれである。

彼らはいずれも世襲の職業で、成人後に家督を継ぐことができたが、給与は十五表一人扶持（六石一人扶持）の足軽級で、職種により若干の手当てがついた。この五役の一つ「御掃除之者」は、江戸城内の清掃を主な任務とし、物資の運搬や走り使いも務めた。二百人前後を三組に分け、各組を「御掃除頭」が指揮した。組織図では若年寄の下の目付の管轄である。

幕府の御掃除頭が、尾張藩の御掃除中間頭に該当するのだろう。名古屋城内の清掃を指揮し、ご城代の支配下にあった。奥村が「お城の記録」を思い立った時期が、この「御掃除中間頭」就任と重なることに注目したい。お城の諸役の中で、城の調査・記録と最も近い職務は、このお掃除担当である。御目見以下の低い身分だが、お掃除の名目で「大奥」を除く大概の場所に出入できる。得義は、あるいは御城代に願い出て、普請方から御掃除方へ移動したのかも知れない。まず父と同じ普請方を経験することで、城の縄張（設計）・石垣・土居・堀・橋に精通し、その後お掃除頭となり、掃除の名目で多くの建物に出入りすることができる。各施設の寸法を測り面積を得ることは、清掃の仕事量を計算する基礎になり、理に適っている。

美濃の片田舎に棲む一郷士に過ぎなかった奥村家を、祖父の元壽は都会の名古屋へと導き、城にかかわる仕事を拓《ひら》いてくれた。祖父に追い付き、祖父を顕彰することをしきりに考えて、たどり着いた答えが、これまで誰も思いつかなかった「お城の百科事典」を作ることであった。城の調査は石垣の高さを測り土居の長さを測る事から始まるが、それだけではない。それぞれの施設には設立の経緯があり歴史がある。書院の壁や襖を飾る障壁画も、通り一遍の知識では解説できない。彼は専門書を尋ね、書物を蒐集して学んだ。彼の残した随筆集『松濤棹筆《しょうとうとうひつ》』は、彼の学びの軌跡を示すものである。そこに収録された書物は、筆者が知るだけで朝日家父子の『鸚鵡籠中記』『塵点録』『筆海』や天野信景の『塩尻』、深田香実編の『天保会記』など多種にわたる。

むろん彼自身が筆を執り、写しとったものである。

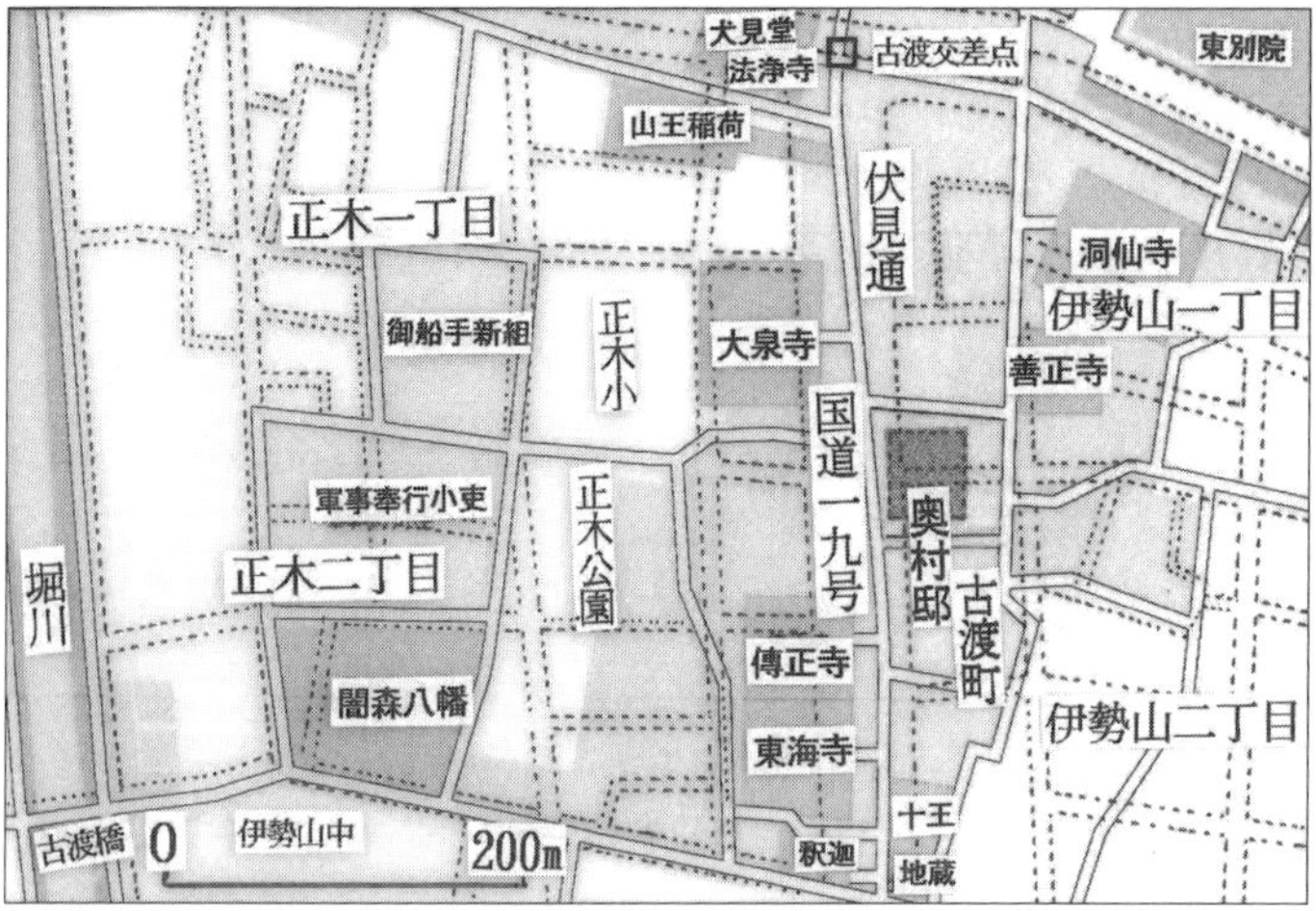

奥村得義居住地付近の図
（実線は古図、破線は現在、『金城温古録』より作成）

付・奥村得義の住まい

名古屋叢書・続編十四『金城温古録』二のグラビア頁に、奥村得義の住居が示されている。

表題には、『奥村得義居住地付近（古渡）の図（明治二年写「名古屋図」のうち。蓬左文庫蔵）』と記され、写真版にした地図を載せている。場所は堀川に沿って南下する国道一九号の「古渡町」と「九丁堀」交差点の間で、国道の東側、一部は国道にかかっている。現地番の「古渡町九から十五にかけて」であり、わかり易くいうと、正木小学校に近い国道十九号沿いである。この住居にいつから住み始めたか定かではないが、ここで生涯を終えたことを、彼の支援者「細野要斎」は書き記している

奥村得義を支えた細野要斎

人名事典に「細野要斎《ようさい》（一八一一～七八）名は忠陳《ただのぶ》・字《あざな》は子高《しこう》。尾張藩士百五十石、馬術の家、深田香実《こうじつ》（藩主斉朝《なりとも》の侍講）門下の儒学者。明倫堂督学《とくがく》」とある。もう少し詳しく見ておこう。

幕末の儒学者で、何よりも大部の随筆「葎《むぐら》の滴《しずく》（一部は「感興漫筆《かんきょうまんぴつ》」）」の著者として知られる。細野家は儒学者には似つかわしくない武芸（馬術）の家柄であった。家祖の兵庫助宗《むね》定《さだ》は、八条近江守房繁《ふさしげ》（室町後期の馬術家、埼玉郡八条の出、扇谷上杉の祖重顕《しげあき》の末裔）に馬術を習い八条流皆伝を得て長尾景虎に仕えた。景虎が上杉景勝との戦いに敗れると、宗定は故地の厩橋《うまやばし》に逃れ、この地で子の成定《なりさだ》に馬術の秘伝を伝えた。成定は長じて篠兵衛《しょうべえ》（新次郎）を名乗り、平岩親吉の推挙で尾張藩主義直に厩《うまや》別当（三百石）として仕え、致仕後は「一《いち》雲《うん》」と号した。

二代目篠兵衛成住《なりすみ》は四百石を賜り、父と同じ厩別当に任じられた。成住に定次《さだつぐ》・定昌《さだまさ》の二子があり、弟の定昌は祖父一雲にも優る名声を得て、元禄十五年致仕ののち「次雲《じうん》」を号した。正徳三年七月五日に亡くなり、『鸚鵡籠中記』にも「細野新次郎死。八十七」と記されている。この次雲の末子「仙右衛門忠勝（士林泝洄では尹成《ただなり》）」が元禄七年に召出され、成瀬家同心（百五十石）として一家を立て、この系統から忠陳《ただのぶ》（要斎）が出る。仙右衛門の家も馬術家で、本来忠陳もその道に進むはずだったが十歳で父が没したため、養子の竹三郎が家芸の馬術を継いだ。忠陳は馬術を通り一遍習ったのちは「儒学の道」へ進み、崎門派《きもんは》の学を極め、深田香実《こうじつ》に易学と垂加神道を学んで「尾張崎門学の最後の明星」と評されることになる（山田秋衛）。

※崎門（学）派　山崎闇斎（一六一八～八二）にはじまる朱子学の一派。師説を重んじ厳格な道徳主義が特色。
※深田香実（一七七三～一八五〇）九皐《きゅうこう》の長男。十代藩主斉朝《なりとも》の侍講で書物奉行。『尾張志』編者の一人。

忠陳が養父竹三郎から家督を譲られ百五十石を給されたのは、天保十三年（一八四二）三十二歳のときで、それから十年余経った嘉永六年（一八五三）、明倫堂典籍（いまの大学准教授）に抜擢された。しかし勤務四年にして痔疾のため隠居を決意し、安政四年（一八五七）、養父の子勇吉（三十二歳）に家督を譲った。先に家督と家芸を継いでくれた養父竹三郎への恩返しであった。

翌安政五年（一八五八）公職を辞し身軽になった忠陳（要斎）に、美濃国加納の円城寺奉行「野々垣源兵衛」（安政三～文久二）から、彼が主宰する郷校「培根舎」の教授を頼まれた。持病の痔疾があって木曽川北岸まで通うのは苦痛だったが、実子得一の助けを借り、なるべく滞在期間を延ばしながら出張授業を行った。これが実に四年に及ぶ。そしてこの間に、奥村得義に頼まれ『金城温古録』の校閲を行ったのである。

要斎は同好会の小寺玉晁《ぎょくちょう》を通じ、奥村得義を知った。『感興漫筆』嘉永六年（一八五三）条に、

〇奥村徳義、六十一歳。国中の事績を探索する事を好む。図類を夥しく集むと云。小寺玉晁の友なり、童子に書を教ゆるを業とす。叢書・随筆の類を多く蔵す。

とある。それから五年後、隠居した要斎に岐阜円城寺奉行の野々垣源兵衛から出張授業の依頼があり、同じ頃、奥村得義から校閲の依頼があった。そこで円城寺滞在の間に、余暇を用いて校閲することを諾した。しかし奥村は、心血を注いで完成した草稿が遠くの出張

先へ運ばれることに不安を覚えた。そこで細野要斎から「誓詞」をとっている。

○「金城温古録校閲に付き、奥村へ贈る控立書」　年来御編輯の金城温古録、今般、内密に校閲を命じられ候に付いては、外人は勿論、親族と雖も、他見他言仕る間敷く候。且つ御書物御預り中、座右に差し置き大切に取扱い、水火盗賊の予防厳重に用心、若し又校閲中拠《よんどころな》無き儀之有り、遠方へ相越し候節は、其れ以前一旦返納仕るべく候。仍誓書件の如し。

安政五年戊午九月　　細野要斎

ここでは既に『金城温古録』と呼んでいるが、以前は「古義」あるいは「鶴城亀目俚諺集」と称していた。「かくじょう・きもく・りげんしゅう」とでも読むのだろうか。細野は校閲の仕事を引き受けて草稿に目を通し、新たに「金城温古録」の書名を提案した。安政五年の記事に「忠陳の言に依りて、金城温古録と改む」とある。

※小寺玉晁（一八〇〇～七八。「こくちょう」とも）名は広路、字は好古。尾藩陪臣、森高雅門下の画家、随筆家。細野が交わる同好会メンバーの一人、他に岡田文園・野口梅居・小田切春江など。

○奥村氏（名徳義、号松涛居《しょうとうきょ》）著す所の「金城温古録」は、二十年来の力を用いてこのたび草稿粗《ほぼ》成れり。猥《みだり》に人に示べからざるの冊なるを以て、竊《ひそか》に余に嘱《しょく》して校閲せしむ。凡例篇五冊、美濃に遊ぶの時携行《けいこう》して、野々垣氏の一室にて、余、間にこれを校閲す。閲し畢《おわ》れば即ち箱に蔵《おさ》めて他人に観することなし。六月の末に五巻の業を竣《おわ》り、七月朔日《ついたち》書状を添えてこれを返す。（『感興漫筆』安政五年戊午・一八五八、得義六十六歳）

細野は野々垣氏宅の一室で、六月十日から『金城温古録』の凡例篇五冊の校閲にとりかかり、同二十九日に終え、七月一日に返却している。凡例に続く各篇の校閲は、次のように進めた。

御天守編　五冊　十月七日から十月十六日まで。

御本丸編　六冊　九月廿四日から十月廿五日まで。

御深井丸編　六冊　九月四日から九月廿二日まで。

右通計廿二冊、戊戌《ママ》六月十日より校閲添削朱を加え、同年十一月五日竣功。二之丸編・三之丸編・拾遺編（清正伝）右三編は未だ算定せず、他日を俟《ま》って校閲を記すべしと云。

右温古録は他見を厳禁すといえども、忠陳近来最も親密なるを以て校閲を託せられたるなり。翁の篤実に感じて、聊《いささ》か其のことを記し置く。（『感興漫筆』）

二之丸編・三之丸編・拾遺編は、美濃出張中の校閲に間に合わなかった。

○已に其の半を清書して、官に呈す。今姑《しばら》くにして全部の功を竣《お》えんとするに惜しむべし、しかれども養子儔次に遺命して、業を終わらしめんとす。（『感興漫筆』）

得義の存命中に全巻を終えられなかったのは残念だが、養子の儔次《ちゅうじ》に細かく遺言して清書させ、まもなく完成した。さらに細野は臨終時のエピソードを紹介している。

○文久二年（一八六二）の春ころ、七十を迎えた奥村は脱肛に悩まされ、病床に就くことが多くなった。七月には自ら墓碑の寸法を定め、細野に碑銘の文字を依頼していた。そんなころ、十四代将軍家茂《いえもち》公が上洛の噂が流れた。陸路をとれば名古屋城に宿泊されることになる。将軍の名古屋城泊は寛永十一年（一六三四）の「家光公御上洛」以来のこと、このとき宿泊のため本丸御殿を増改築し上洛殿が設けられた。二百三十年も昔の話だ。接待は殿様や家老の仕事だが、宿泊の差配は城代の仕事、事前に幕府老中から様々な質問が予想される。

そこで時のご城代滝川又左衛門から病床の得義に質問の使いが派遣された。得義以上に城の歴史を知る者はいない。得義は死の間際まで頭脳は明晰だったらしく、少しもよどむことなく儔次に口述筆記させ、答申したという。そのことがあって二日後の七月二十五日の正午、眠るがごとく息を引き取った。これより少し前、自ら筆を執って辞世を記した。

《なかなかに　けふのひと日も暮れぬらん
やまは夕日の入相のかね　七十歳》

没後家族だけで八事墓地に密葬し、官には八月四日に届けた。六日夜、空の櫬《ひつぎ》を担いで菩提寺の巾下法蔵寺に至り、葬送の礼を行った。逮夜《たいや》（初七日前夜）は送別の客百数十人を招き、九日に法蔵寺で初七日を行って葬儀のすべてを終えた。法名は「純和院得義子達居士」。

奥村得義の生きた幕末は、元号でいえば「文化・文政・天保・弘化・嘉永・安政」期であり、さほどかけ離れた時代ではない。彼を含め、彼に関わった奥村家の人たちの没年を列記してみる。

○得義の祖父仁右衛門元濤《もとなみ》の没年が寛政五年（一七九三）四月、その年の八月に得義《のりよし》誕生。
○父仁兵衛為綱《ためつな》の没年（五十三歳）が文化八年（一八一一）四月、
○得義の没年（七十歳）が文久二年（一八六二）、
○養子儔次《ちゅうじ》の没年（八十三歳）が大正七年（一九一八）、
○その子鈕吉《ちゅうきち》の没年（六十六歳）が昭和十七年。如何《どう》でもよい事だが、この年に筆者が生まれた。

得義から現代までを世代の尺でつないでみると、奥村の時代は手が届かないほどの大むかしではない。その頃の名古屋にひとりの下級藩士がいて、大きな仕事を成し遂げた。

参考文献

○「奥田徳義素描」（市橋鐸『郷土文化』昭和三二年十一月・『東海郷土文化史考』昭和五十年所収）
○『金城温古録』一（名古屋叢書続編十三・校訂山田秋衛・昭和四十年・名古屋市教育委員会）
○『金城温古録』二（名古屋叢書続編十四・校訂山田秋衛・昭和四十年・名古屋市教育委員会）
○『金城温古録』三（名古屋叢書続編十五・校訂山田秋衛・昭和四十二年・名古屋市教育委員会）
○『金城温古録』四（名古屋叢書続編十六・校訂山田秋衛・昭和四十二年・名古屋市教育委員会）
○『感興漫筆』上（名古屋叢書十九随筆編二・校訂山田秋衛・昭和三十五年・名古屋市教育委員会）
○『感興漫筆』中（名古屋叢書二十随筆編三・校訂山田秋衛・昭和三十六年・名古屋市教育委員会）
○『感興漫筆』下ノ一（名古屋叢書二十一随筆編三・校訂山田秋衛・昭和三十六年・名古屋市教育委員会）
○『松濤棹筆（抄）』上（名古屋叢書三編九・校訂小島廣次・昭和五十九年・名古屋市教育委員会）
○『松濤棹筆（抄）』下（名古屋叢書三編十・校訂小島廣次・昭和六十一年・名古屋市教育委員会）
○『名古屋城史』（中村栄孝・城戸久・山田秋衛ほか・昭和三十四年・名古屋市役所）
○『下級士族の研究』（新見吉治《しんみきちじ》著・昭和二十八年・日本学術振興会）
○『下級武士足軽の生活』（笹間良彦著・雄山閣・平成三年）
○『御家人の私生活』（高柳金芳著・雄山閣江戸時代叢書・平成一五年）
○『鸚鵡籠中記一』（名古屋叢書続編第九巻・昭和四十年・名古屋市教育委員会）
○『鸚鵡籠中記二』（名古屋叢書続編第十巻・昭和四十一年・名古屋市教育委員会）
○『鸚鵡籠中記三』（名古屋叢書続編第十一巻・昭和四十三年・名古屋市教育委員会）
○『鸚鵡籠中記四』（名古屋叢書続編第十二巻、昭和四十四年、名古屋市教育委員会）
○『金鱗九十九之塵・上』（名古屋叢書六・地理編一、昭和四十四年、名古屋市教育委員会）
○旧版『名古屋市史』人物編一・二（名古屋市役所、昭和九年）
○旧版『名古屋市史』地理編（名古屋市役所、大正五年）
○旧版『名古屋市史』政治編一・二（名古屋市役所、大正五年）
○旧版『名古屋市史』社寺編（名古屋市役所、大正四年）
○『尾張史料のおもしろさ原典を調べる』（名古屋市博物館編集・発行、平成一六年）

座談会
「城」に何を学ぶか

馬瀬智光／佐藤亜聖／小野友記子　司会＝今尾文昭

今尾　今日は、朝から全部で四本の講演をしていただきました。その中から共通性のある話題と、それからいくつかの新しい視点というものが出てきたかと思います。その一つが、城について、私たちは現在もその都市のシンボルとして見上げているということ。車窓から見える城の形によって、どの町に来たかを確認したりしますよね。やはり城というのは「見られる」、あるいは「見せる」というところに一つのポイントがある。そういうお話がでていました。単なる構造だけではなくて、どうやら城を造るときから「見せる／見られる」ことを意識して、それが当時の為政者の一つのアピールポイントでもあったのではないかということですね。そういう視点から、まずお話をはじめていければと思います。

講演の順番ということで、小野さんからお話ししていただければと思います。

◉テストケースとしての「小牧山城」

小野　私は小牧山城についてご報告をさせていただきました。その中で「視認性の希求」というキーワードをあげた通り、小牧山城は、石垣という新しい様式を採用し、それがどう見られるか、どういう影響を周囲に与えるかという信長にとって最初の試金石となる城で

小野友記子氏。左は講演の様子

した。それが、どこまで成功したという確証があったのかはわからないですけれども、いったん小牧山城で実行に移し、その影響を測るために、城下町から見上げたときにどうか、そして敵方から見たらどうなるのかを、ある意味で測ることのできた、いわばテストケースのお城であったのかもしれません。それが『信長公記』に描かれていますように、ある程度の成功を収め前向きな結果が得られたということが、恐らく信長はじめ、その後を引き継いでいく秀吉や家康の城造りの一つのルートとなった。希求する最初の一石を投じる存在というのが小牧山城の評価としてあげられるのではないかと思います。やはり「見る」ということが非常に大きなウエイトを持つ、社会的な影響を城に持たせるという最初の一石ではなかったかと考えます。

今尾　今おっしゃった「視認性」。目で見て、「あっ、そういうことや」とわかるという意味かと思いますが、僕も先般小牧山城を訪ねたときに、「どこに城があるのかな」と思っていたら、いきなりバスの窓から見えたのですね。標高差七〇メートルとおっしゃってましたか、平らな湿地帯の中に独立した山として現れるという、そういうものであったと。発表のなかで言っておられたのは、とくに上層部で段々石垣を積んでいるんだけれども、下から見たら一連の石垣のように見えて、高い、大きい、新しい、美しい。そういうことでよろしいでしょうか。

小野　そうです。

◉「多聞城」と松永久秀の個性

今尾　多聞城の場合、「見る／見られる」、あるいは「視認」という話のなかでは、どういうような感じがありますか。

佐藤　多聞城の場合は、抑止力というほどの戦術上の「見せる」という意味ではなかったような雰囲気なんですね。そもそも防衛力が全然弱い。従って戦闘が起こるときは大概は外へ出て戦う。ただ、見せるという要素はすごく強く、都市奈良、特に郷民に対して「見せる」ための城を造っているということがポイントになっているなと思います。実際、多聞城は棟上げのとき、郷民がたくさんやってきてそれを見てるんです。奈良の町の人たちが、花火を見るように多聞城を見ているというふうことがあります。おそらく餅まきみたいなことはやっているだろうと思うんですが、建設段階から町の人たちに見せるという意識がすごく強いんです。実際に多聞城が機能しているときも、しきりに堺の商人を集めて茶会をしています。内部構造も見せていくということが行われている。政治情勢が関係していると思うんですが、オープンに見せているのです。それと、これは大和の国人がよくやるんですけれども、多聞城の中に人質をけっこう取っているんです。

今尾　ああ、人質を。

佐藤　それで、いろんな人が人質に差入れをするような形でやって来るので、大和の国人層にも城を見せているわけです。綺麗なものを造って、いろいろな人に見てもらってると言いますか、そういった感じがあります。それは言い方を変えれば、戦闘の抑止力になるのかもしれません。それまで大和の国内の調停者として存在していた興福寺が内部構造

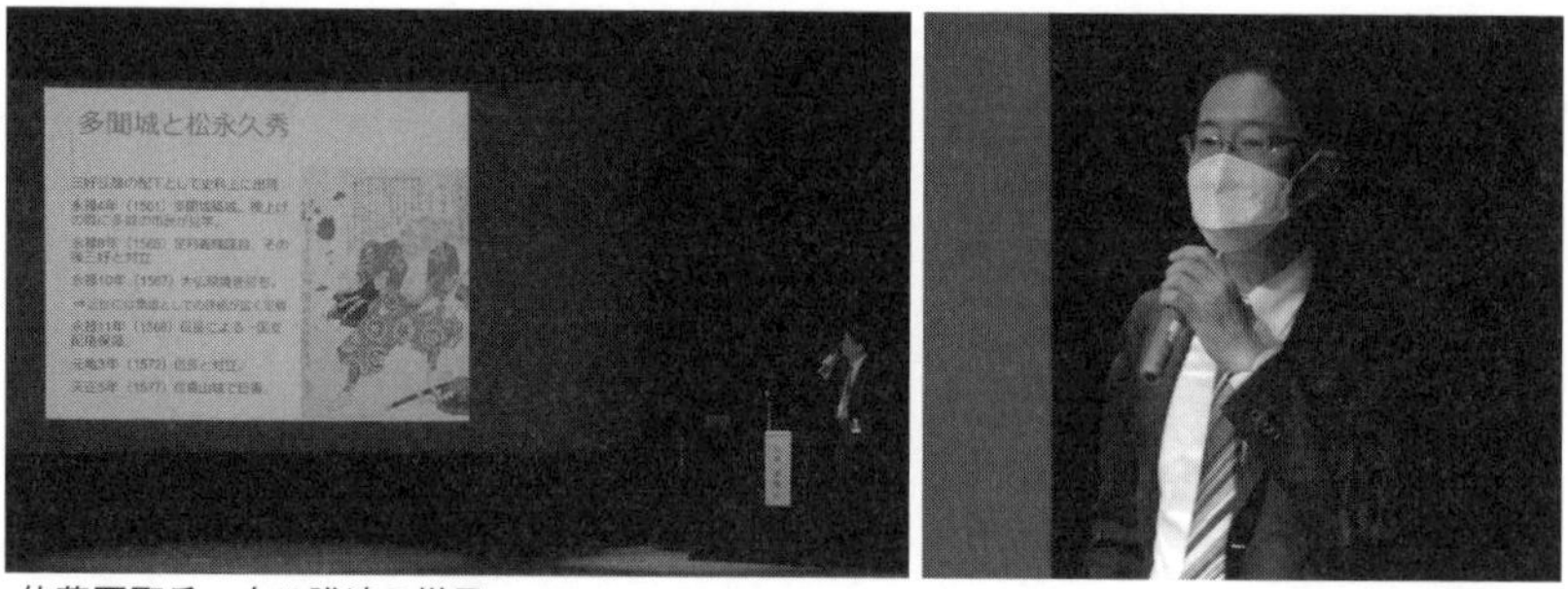

佐藤亜聖氏。左は講演の様子

の崩壊から調停能力の低下が著しくなってるなか、やはり時代の調停者としての姿をはっきり見せる意味があるのではないかなと。旧来の興福寺権力とのせめぎ合いがずっと続いている状態のなかで、世論をリードしていくというか、大和の国人に対する態度を含めた「見せる」ということが、最終的に戦闘の抑止力につながっていくんだろうと思います。国人衆、それから奈良の町衆、そういったものに対する見せる力、これに非常に力を注いでいたというのが多聞城の「見せる」という行為の一つの本筋なのかなと考えております。

今尾　実際の防御機能の面というだけじゃなくて、意識として存在をわからせる、認識ということですね。城が出来上がってきているときの様子というのは『多聞院日記』に出てくるのですか。

佐藤　「多聞院日記」をはじめ、いろいろな記録に、城の棟上げや実際に城の中でのことを書いてますね。先ほど言いかけたんですけど、防御性というよりも、松永久秀の個人の存在感といいますか、そういうものを見せるための装置というふうに考えていいかと思います。

今尾　松永は戦国武将として特異なパーソナリティがあるという意味ですか。

佐藤　そういうことになるかと思います。

今尾　僕は奈良でずっと発掘調査をやってきましたので前から感じていることがありまして、今朝、佐藤さんに話をしていたのは、奈良の都は藤原京から移って、そして「外京《げきょう》」、これは学術用語ですから当時がどう呼んでいたかはわからないんですけれど、現在の外京に最初に出現するのが興福寺です。興福寺はご存知のようにJR奈良駅から春日大社の一の鳥居に向かって三条大路が東西向きにあります。三条大路を東に上り、標高は九五メートル、新しくなった中金堂のあるところ。その次に聖武朝に出来上がるのが東大寺で、大仏殿は地表が一〇五メートル。東大寺と興福寺を比べたら一〇メートルほどの差があります。それで東大寺の方は南大門に対して、先に造るのは西面大垣に設けられた西門です。西門はどこへ開いているかというと、長屋王邸の北側を通る二条大路に向かって開いています。三条大路から北へ上がって二条大路に向かって東西方向に開く形です。本来南大門が正門なんですが、西大門から入るというのが主な利用で、そこの建設が早かったんでしょう。

それに対して多聞城はレベル的には一一〇メートルです。奈良奉行所のあった奈良女子大から見ると、いったん佐保川に向かってぐっと下がっていって丘陵の上に営まれるということで、これはやっぱり意図的でしょう。古代の興福寺、東大寺の勢力と違うという戦略的なものもあるんだろうと思うんです。そういう立地で、しかも、今まで東西軸だったのを南に向かって開くような形で城を設ける。これは松永の個性なのかもしれないけれど、今までと違う大和一国支配の理屈ですよというのがあるのかなと思うんですよ。

佐藤　以前これに近い話を別のところでしたことがありました。奈良にはもっと大きい建物がいっぱいあります。大仏殿なんてすごく大きいじゃないですか。たしかに壮麗で大きな建物はあるわけですが、多聞城の一番のポイントというのは、やはり政治の場、「政庁」であることだと思うんです。大仏殿とか興福寺、東大寺とか、これまで奈良ではそういうところが意志判断していた。ところがそうでない勢力の建物が、奈良の郷民の見えるところに出てくる。それが視覚的に非常に壮麗なものである、ということが多聞城の本質的で大事な部分じゃないかなと思います。

◉大坂城を超える「指月城」の〝見せる機能〟

今尾　聚楽第や、この前見つかった京都新城、そういった城がもともと京都の町中にあって「御土居《おどい》」で囲むというなかで、そこから離れたところに伏見の指月城を宇治川に面して新しく造る。この辺りは今の「見る／見られる」、あるいは「見せる」という意味の中ではどんな意味があるかということをお話しいただけますか。

馬瀬　「見せる」とか「見られる」ということで言いますと、まずは信長が造った旧二条城は築城のときはわずか七〇日でほぼ完成するんですね。ところがその七〇日間に、町衆や公家たちが、毎日見学に訪れる。それに信長が結構対応しているんです。公家が訪れて来て、それから豪商が来て、彼らにこんなふうに造ってるんだよと見せていたんです。そういう意味では、造る過程を「見せる」ことになる。同じことを秀吉もしていまして、聚楽第も造る過程を見せています。それから秀吉は、方広寺でも地面を固めるために町衆を呼んで踊らせているんです。上で踊らせて固めるという行為をやってるんですね。

「見せる」ということでは、指月城は実態がよくわかっていません。地震で壊れたからです。ただ究極の見せる機能があったんだなと思うのは、ちょうど文禄・慶長の役で秀吉は朝鮮半島に進出しました。その文禄の役後の和平交渉の主たる舞台装置として指月城が選ばれた。ところが、城が出来上がって、さあ和平交渉をやりましょうかというときに地震が起

馬瀬智光氏。左は講演の様子

きて、仕方なく大坂城でやっているんです。ということは、指月城は本来は大坂城よりもよりきらびやかな、たぶん「見せる」機能満載の城だったはずなんです。今日の発表で皆さんが示しておられたように、河岸段丘上の城というのが一つの魅力なのかなと思います。それで指月城も河岸段丘の上かと思って先ほど見てみたのですが、実は河岸段丘じゃなくて断層崖でした。

今尾　そうなんですか。

馬瀬　宇治川断層の断層崖でした。桃山断層というのもありまして、ちょうど桃山断層と宇治川断層が交差するところの上の方が指月城だったんです。みなさん桃山城に行かれたことはありますか。あれは模擬天守ですね。模擬天守から大阪が一望できます。木幡山の天守があったときは、模擬天守よりはるかに高いのでより遠くが見渡せる。指月城のほうがちょっと低いので、どこまで見れたかわからないですが、淀川まで一直線の断層ですから、ひょっとしたら大坂から指月城が見れた可能性もあるという気もします。

今尾　伏見城跡の模擬天守は「伏見桃山城キャッスルランド」という遊園地の中に設けられた城で、あの場所は本丸ではないですよね。本丸の北東側ですか。ですから現在の場所は当時と違うんですね。それからさっき直前に話をしていたのは、このあいだ整備が終わって宇治市が公開している「太閤堤」。太閤堤は指月城の南側に広がっていました。先ほどのお話の中で、琵琶湖から流れてくる宇治川の水は、時期により流路や流れる幅を変えているんですが、いったん巨椋池という大きな湖に入る。太閤堤を造ることによって、その宇治川の水を制御した。京阪電車の駅名で言えば、平等院のある「宇治」から「三室戸」「黄檗」、それから「桃山南口」。その間に山科につながる「六地蔵」がありますね。それから「桃山南口」、そして「観月橋」。それ以上にまだ長い非常に大がかりな事業で、その南側で水を制御した太閤堤とともに指月城の事業があったと考えていいんですか。

馬瀬　その通りで、宇治川を舟運とともに、南の堀として機能させるために太閤堤を造って水の流れを制御することが重要な目的だったと思います。

今尾　そうすると、太閤さんが新しい城を造ってるわと民衆が思うということでは、南山城の木津川一帯の人からも見えるし、南側に男山丘陵がありますから、石清水八幡宮のある男山丘陵あたりからも見える。さらにその向かい側の山崎の合戦のあった大山崎のあたりからも見えるということですよね。

馬瀬　はい、確実に見えます。

今尾　その辺りは交通の要衝でもありますし、大阪へ抜ける場所ですから、各地の勢力もあったわけです。そういう象徴的な意味というのも指月城には伴っていたということですか。それから二条城を造るとき、京都の町衆たちに見学させたというのは、『言継卿記』に出てくるんですか。

馬瀬　そうですね。山科言継の日記に書いてます。「毎日見学に来てる」って。

今尾　町衆たちも、その段階で出来上がっていく様子を見ていた。

馬瀬　逸話があって、町衆のうちの女性の方が見てたら、それを造方の武士一人が茶化した。それを見た信長が首を斬ったというんです。実際、二条城を発掘をしたら、首の斬られたしゃれこうべが出てきて……。

◉「御土居」が洛中・洛外を確定した

佐藤 馬瀬さんにお聞きしたいのですが、伏見城の建築のほかに、京都に対してのアピールとして「御土居」があったと思います。それをうかがいたいと思います。

馬瀬 それまでは京都の町は一度も城壁で囲まれたことはなかったわけです。それが突然二二・五キロにわたって「御土居」に囲まれた。大徳寺も囲まれたし、北野神社も囲まれたというすごい状況だったわけです。洛中総構えということで、当時上京とか下京それぞれの町単位での構えというのはありましたが、京都全体を囲む構えということは誰一人やったことがなかった。ですから、桓武天皇も源頼朝もやっていません。ですから、こんなことをやってしまったのはすごいことです。この「御土居」をわずか七〇日で完成させた。二カ月半から三カ月です。旧二条城と変わらないほどの短期間で造っています。そのスピードというのも一つの特徴だったかなと思います。

今尾 「御土居」の大きさをもう一度教えてください。

馬瀬 総延長が二二・五キロです。ちなみに小田原城の総構えが九キロです。

今尾 幅と高さってわかるんですか。

馬瀬 幅は、低いところは御土居堀って言い方をするんですけど、堀がだいたい幅が一〇メートルぐらい、深さが三メートルぐらい。もっと深いところもあるんですけどね。土塁の方は、今残ってるのを見ても低いのが四メートルぐらい。高い所は一〇メートルぐらい段差があります。

今尾 「見る／見られる」という話とはちょっと別かもしれませんが、「御土居」で町を囲むというのは、むしろ外側からの防御ということではなくて、その中に囲われている人たちに一体感を持たせる、そういう意味合いがある。都市民として都市の区画としての意味合いを持たせるという、そういう意味合いでしたか。

馬瀬　先ほど講演の中で言わせてもらったように、一二・五キロをすべて防御しようと思ったら一体どれだけの戦力がいるのかということなんです。絶対に手薄なところが出てきます。ですから外に対してではなく、やはり内側の人たちに対してだと思うんです。「御土居」ができる前とできた後で、何が大きく変わったかと言いますと、「洛中／洛外」という言葉をよく聞きますよね。この言葉はもっと古い時代からあるんですけど、時代によって様々に揺れ動いていたのが、「御土居」ができてからその内と外で明確に視覚化されるんです。そういう意味で洛中に住んでいる人たち、それから洛外の人たち、という意味で市民としての一体感というのが生まれます。これ、いま京都に住んでおられる方々も、そういう感じがあるかもしれません。

今尾　弥生の環濠集落。環濠集落という言葉がいいかどうかという問題はありますが、いわゆる多重環濠で囲われた集落ですね。最初期には板付遺跡があって、唐古・鍵遺跡には五重ぐらいあるんです。同時に五重に囲ってたかどうかはわかりません。あれも従来、外部からの人的侵入、あるいは獣からの侵入への防御と捉えようとしていたのが、最近の傾向では、むしろ集落内の人々を規制する、そういうことで環濠で取り囲んだんじゃないかという見方もあったりします。それを考古学でどう証明していくかなかなか難しいんですけれども。

佐藤　城の「見せる」もそうですけれど、奈良の方では、やはり郷民の共同体の形成。これが一六世紀の後半以降、急速に都市部に進んでいること、郷民が自分たちの自主的な組織を成長させていくことだと思うんですね。そういったものをいかに統一的に取り込んでいくかというところに、実は城を含めてこういった施設が形成されていく一つの背景があるのかなと思います。

◉信長の「城下町」づくり

今尾　ちょっと話が前後するかもしれませんが、「城下町」という言葉はいろんな定義があるので慎重に使うべきだという話がありました。為政者がいる城と、それからその城下に人々を配置する。商人や職人を配置する、城と城下の関係の嚆矢について、一番最初かどうかという問題も含めてお答え願いたいと思います。『信長公記』に書いてあったのは、信長の悪巧み、いや「たくらみ」ですか。その辺りについて小野さんにお願いします。

小野　悪巧みかも知れないですけれど（笑）。信長の「御たくらみ」としている、その内の一つに都市計画がありまして、この時期以降の戦国大名と以後の大名たちに課せられた、ある意味で〝業務〟という側面がどんどん色濃くなっていく。単に戦うことのパワーバランスだけで国の色が変わっていくという形ではない、経済政策と領民政策といったものを含んだ、いわゆる経営者としての内容のあり方が、城下町経営とか城下町の持ち方によって如実に表れてくるのです。この信長以降の城と町の関係をそれぞれ表しているという意味では、まだまだ研究の端緒についたばかりかもしれませんけれど、非常にフロンティア的な研究材料になってくるんだろうと考えています。

小牧山の城下町はまだ調査段階ですし、現在市街化が進んでしまっていて、視認できる状況はわずかしかありません。今までの成果などでいくと、やはり両側町の要素もきちんと備えていますし、「背割下水」と言われている建物の背面に通す下水設備も備えていて、そう考えるとある意味インフラを整えて領民政策を行うといった下地づくりというか、結構地道なことを信長はやっているんだなあということまで考古学的には窺えます。

一方では、文献史料的には『信長公記』に小牧山城とか城下に関する記述はほとんどありません。ここに大きな画期を当時の人が認めていたり、文書の中でも小牧の城下町でなんらかの非常に大きな政策転換が行われたというところがなかなかない。そういった考古学的な成果と、実際の古文書的な意味での変化が少しずれて表面化してくるのですね。プランや構想があったのでしょうけれども、小牧山の城下町でどこまで到達できていたかはわからないかなと思います。

司会の今尾文昭・東海学センター理事長

今尾　小牧山城段階の信長は、まだ美濃へも足場をこれから固めようかなというところで、いわゆる領国支配は盤石とは言えないですよね。その中で、信長がそういうことをやったというのはどう思いますか？

小野　その通りで、信長の年齢もまだ三〇歳です。一説では尾張国内を平定するのに約二年と言われていますので、国内のごたごたが片付いてからまだ四年ぐらいしか経っていない状況です。その中で城造りも含めて、町づくり、経済政策まで、ここまで筋を通した、非常に強いポリシーを持って臨んでいることが、この一〇年ほどで明らかになっています。その解釈というか、消化していくのに精一杯というところが正直なところではあります。

今尾　新たなところで自分のマネジメント力

というのを〝お試し〟で見せた。信長はその後、岐阜城へ移るわけですけれども、岐阜城の段階では山の下に御殿があってそこへ家臣団を配置して、山のてっぺんに明らかに下から見上げるところに信長は居住すと。言わば領国支配ということと加味して、家臣団の頂点というか、律令的に言えば「家政」、家の政治ですね。外向きじゃなくて内向きの政治でも隔絶化を示すというのは、フロイスが来たときの案内の情景も、見事にそれを表してると思います。だから次の段階として信長はそのステップを踏んだと理解していいのですか。

小野　そうですね、小牧山城は山頂付近に石垣といった石の構造物を持っていて、そこから麓までが従来的な土の城造りという過渡的な様相を示している城です。そして麓に家臣団がおそらく割り与えられていたであろう武家屋敷地がついてきます。信長が起床したり、信長に付随する施設としての石造りの城である中腹から上のゾーンと、家臣団が存在する中腹から下の麓と城下町のエリアがだんだん分かれてきて、階層性を視認させるという取り組みの一端が、すでに小牧山で認められるんだろうと評価しています。

◉「多聞城」と都市の関係性

今尾　多聞城は松永久秀が築くのですが、ちょっと思っていたのは、古代とは決別するような立地を持つんだけれども、東大寺に関係する人々が住んでいた町屋、京街道(平城京の東七坊大路)沿い、西面大垣沿いは江戸時代になってからの町割であって、多聞城の城下という形での町づくりを松永は心得ていなかったということでしょうか。小牧山城のような城と城下というような構え方をしなかったというところで、「政庁」という言葉を使われていました。その背景を含めて、もう少し説明いただけますか。

佐藤　そもそも松永の多聞城と奈良の関係というのが、けっこう論者によっていろいろありまして、永禄一二年（一五五九）の記録の中に、松永が法蓮郷に家を建てるという記録があります。そういう独自の家を建てるということから、松永久秀は都市政策として城下町的なものをつくろうとしていたという意見が古くからあった。それから近年は奈良の北半、現在の奈良女子大学がある宿院町からの辺りに特異な地割の存在があったりすることから、あの一帯を松永が多聞城の城下町として再整備してるんじゃないかといった意見が出てきたわけです。でも、それまでの基本的なことを考えると、松永がそこまで奈良に対して手を出しているのかなという疑問が、このお話をさせていただくきっかけになったんです。

結論から言いますと、松永の段階では奈良の都市景観に対して全く手出しをしていない。できていないのか、してないのか、少なくとも都市の様相を改変することはなかった。つまり、それまで興福寺、とくに六方衆を中心とした実働部隊の人たちが都市の開発等々に関して権限を持っていますので、そういう部分を奪取することがまだできていないし、恐らくすることはなかったんじゃないかと思うんです。そういった形で都市の形を変えるというところには、至っていないということになってきます。多聞城が奈良の町を城下町として扱って、そこに入って来るというような言い方を昔からされてはいるんですが、どうもそういった性格ではないんじゃないかなと。

実際の景観のなかで言いますと、多聞城の麓の部分に、少数の家臣の屋敷が並んでいるごく狭い範囲ですが、そういう地形が少し残っている。実際のところはそれだけではなかったのかなと。もちろん関係は深いのですが、都市と城が、強い「支配／被支配」の関係には至っていないというのが本筋ではないかなと考えています。

今尾　奈良は中世には興福寺が実際の政治も担っていたし、都市の人たちの暮らしぶりも、寺社に供給するような形で物資を集中してきたわけですから、新たに城下をつくって町づくりをすることで、自身の一つの理想像を見せるということも、実際にはないというわけですね。ただ、いろいろな形で文書発給とかをしていて、そのあたりの奈良の経営を松永は信長に任されられるんですか。結局は信長に、筒井に代わってあんたやりなさいと言われてやっていたわけで、斬新性に富んだというところまではいかない。松永側から言うと、あるいはそういう必要もなかったと。

佐藤　そうですね。

◉「指月城」と京都における城づくり

今尾　指月城は城下というわけではないですね。その次の木幡山は現在も、「桃山羽柴長吉〇〇町」という長い長い町名が伏見の城下にずっと広がっていますよね。秀吉の木幡山の段階では城と城下の関係があって、家臣の屋敷も配置してということなんですが、その辺りはいかがですか。

馬瀬　小牧山城は何もない所に城を造ると、それで都市計画があるかもしれない。多聞山城はすでに町が、かなり発展した都市があるところに城を造る。これは京都も一緒で、聚楽第はまさに首都の中に城を造る。一方で、指月城なり木幡山城は、伏見で七つも八つも村があったらしいんですけど、それは別にして田舎の土地に一挙に巨大な城を造るという場合とでは、なにか違うんじゃないかと思うんです。都市計画のしやすさ、しにくさというのは多聞山城に表れてるかなと思うんです。それで、いまご質問のありました木幡山段階は、かなりの都市計画をしていると思います。街道筋はやはり町衆に与えています。実は武家屋敷の町名だけじゃなくて、聚楽町は聚楽第の近くに住んでいた町衆が伏見城の城下に移ったとか、それ以外にももともと洛中にあった町名が伏見にも残っているんです。ということは、聚楽第から指月、もしくは木幡山を造る段階で、かなりの移動があったんではないかと思われます。武家屋敷も羽柴長吉町とか桃山福島太夫北町とかいろいろありますけど、そういう意味で今に残る町名の通り、武家屋敷と町衆が住むエリア、それから寺町というのは秀吉の段階で造った。ただ伏見城は徳川の城であった時期が長いので、今の町名というのは本当に秀吉段階のものなのか、それとも徳川三代の再普請にあたるのかというのは、常に頭の中に置いておかなくてはならないと思います。

今尾　城下としての人々の暮らしがしっかりとあったかどうか、史料、遺構の中に確認できるかどうかというのは、木幡山の段階でもまだこれからですか。都市化も激しいので、どこまで明らかにできるかということはあると思うんですが。

馬瀬　一部、町屋遺構が見つかってます。例えばＪＲ桃山駅の近くに老人ホームがあるんですけど、そこは昔から「立売通り」と言われてるんです。上京の室町の近くにも「上立売」「下立売」「中立売」という地名があって、それと一緒で昔商人が立ち売りをしてた通りなんです。やっぱり発掘調査をすると、うなぎの寝床みたいな町屋がずっと連続して並ぶ。もう少し行って伏見区役所の近くもやはり同じように町屋に使っています。そういう意味では、少なくとも秀吉の段階で、そういうのがあったという証拠は少しずつですけれども出ています。

今尾　結局、都市論とも関わってくるわけですね。かつて短冊形地割れがあれば都市的営みだといった話がありまして、確かに考古学で〝うなぎの寝床〟のような地割が道に沿って両側町として並んでくると、これは都市的な営みであって、そこから短絡的に「城下町」という形を導くということについては注意しなくちゃならないと思いました。

◉都市づくり・城づくりの精神性

今尾　今までの話とも関係するんですが、都市づくりというところで、ものすごく気になっていたことがありまして。今日も朝から小野さんに言って困らせてしまったかもしれないんですけれど、小牧山城は直線の大手があって、山のてっぺんに行ったらつづら折りでくねくねと曲がって要害であると。大手が直線ということになると、真っ直ぐ駆け上がるんであんまりよろしくないという問題があるかもしれないのですが、「見せる」という意味では、直線の上に櫓か天守か、そういう領主の住まいがあれば非常にわかりやすいと思うんです。でも、小牧山城の絵図を見ると、従来の地割と小牧山の大手が、ちょっと角度が違うんですよね。従来の地割は北に対してちょっと東に振れている。それで、小野さんにお聞きしたいのは、小牧山城の大手はどちらかと言うと、真北方向に近いんじゃないかと。例えば、もともとそういう地割が自然地形に寄っていたところに人工的に新しい町づくりをするということならば、大手から真っ直ぐ延びる、そういう町づくりをしたらいいのになあと思ったりするんです。まあ鉤の手でもいいんですけれども、そこらへんはいかがですか。

小野　はい、本当に朝イチに困らされまして、あまりきちんとしたお答えができず申し訳ないなと思っていました。小牧山の南側での調査では、小牧山城の大手の道筋とは少しずれる形で大手の中心線があるということが確認されています。ではそこがどういうふうに繋がるかということなんですけど、これは調査がちょうど県道にあたっていまして、そのまさに知りたい場所というのが調査することができないのです。一つの想定としては、安土城の大手の麓のところもそうなんですが、大きな大手前広場みたいなものが展開していたのではないか。そういった広場でズレというものを吸収してしまっていて、一直線であることが、そこまで視認性を妨げないという状況ではあったのではないか。では、ゆるい山と原野というキャンバスを与えられていたので、そういうプランを作ったのか、というところまでは具体的にはご回答ができず申し訳ないと思ってます。

小牧山城というのが比較対象によく挙げられますのは、安土城で有名なのは直線の、今は大手と言っているところの柵というか麓の柵ですけれども、実は城下ではないわけですね。百々橋のほうが城下ということになると、逆に安土の城下からの視認性というのがどうなるだろうとか、そっちの方が関係してくることになると思います。

今尾　どうしてそんなことを言ったのかというと、安土城の地図を見ると大手道というのは小牧山と一緒で、山腹をずっと真っ直ぐ上がってから、またつづら折りで、そこから先は細かい部分の復元はいろいろあるみたいですけれども、天守に至る道はとりあえずジグザグに行く。地形だろうって言われたらそうかもしれないのですが、その大手の方向は結構方位に合うんですよ。僕は古墳時代研究をしていて思うのは、飛鳥の終末期古墳は本当に真南北を意識していて、方位に合わせて為政者は眠っているわけです。城の場合にも何かそういう精神性、例えば北極星は「紫微垣《しびえん》」ですからそこに為政者がいるのは天の支配ということに結びつくかもしれない。何かそういう精神性を意識して、わざわざ方位に合わせて造ったのかなと。とくに小牧山と安土というのは、そういう意味では方位に合うような地割というのが先行していないので。

一方、多聞城は、多聞山の東側の堀切と中心部に向かう西側の道が、ともに北で西に振れる平行関係の地割としてみることができる。これは谷がそう入っているからなのかもしれないですけど、この場合はもともとある南側の平城京の地割に区別されて、城の正面あるいは橋も設けたということになるのかもしれないですけれど。思いつきですみませんが、指月城はわりと方位に合うような形で南北方向に入っている。その辺りとか何かありますか。

馬瀬　もともとの地形がわりと南から北へ下がっていく、そういう意味では東西南北は合わせやすいんですけど、細かく見るとやっぱりちょっと方位は違うし、場所によっても違うんです。だから地形の制約って相当大きいんじゃないかなと思います。ただ、一方ではもっと古い時代はたしかに「卜」というか、そういうこともしていまして、山科本願寺は土塁の北東、鬼門のところを欠いてるんですね。同じように室町殿も北東隅には神社を置いているんです。ただ織豊期にはあまり聞かないと思います。

今尾　姫路城は四神に合わせて地勢を選んで城を設けたという論文があったと思います。それから、それこそ三十三面の三角縁神獣鏡が出土した黒塚古墳、これは柳本陣屋の北の北の真ん中にある。黒塚の黒は「玄武」の黒に通じるので、何かそういう意識があったのかというのは気にしてるんです。

◉城の多様性とは

今尾　あと残された時間もわずかなんですが、皆さん、最後に一言ずつ何か言っていただいて、終わりましょうか。小野さんからお願いします。

小野　今回、「城に学ぶ」というタイトルが、「城を学ぶ」でないところが非常に主催者や先生方の意図を考えさせられるいい機会をいただきました。やはり城というのは現代社会においても、さまざまな価値観であるとか、存在感が営々としてある。単に四〇〇年、四五〇年前の歴史の事象を言っているのではなく、非常に現代的な示唆までも含んでいて、こういったところを知っていくことで、私たちに還元されるところがあるんだろうなと。隔絶した統治者ではなくて、非常に身近な課題とか考え方の事情が、城を知っていく中にヒントが隠されているのではないかと考えさせていただきました。

馬瀬　「城に学ぶ」というテーマなので統治術かなと思いました。今日も皆さんのお話を聞いていて、いかに統治をしていくのか、そのために有効なツールが城だったのではないかなと思います。

佐藤　今日の議論のなかで見せ方の話が出てきました。以前から言われていたことであったとは思うんですが、皆さんのお話を聞いて、いろいろな立場の見せ方があったんだなと、まさに城から学ばせていただきました。

今尾　ありがとうございます。非常に長い研究の蓄積のなかでの各先生方の発言ということですけれども、私どもの方も研鑽を積みましてまた改めて皆さんにその成果を紹介する機会が来ることを願って、今日のシンポジウムを閉じたいと思います。どうもありがとうございました。

[執筆者一覧]
小野友記子（愛知県小牧市教育委員会・考古学専門委員）
佐藤　亜聖（滋賀県立大学人間文化学部教授）
馬瀬　智光（京都市文化財保護課）

木村　有作（愛知県埋蔵文化財調査センター、元名古屋市学芸員）
大下　　武（東海学センター理事）
今尾　文昭（東海学センター理事長）

＊本書は、2021年10月31日に開催された第８回東海学シンポジウム「城に学ぶ」で発表された内容を収録したものである。

第８回東海学シンポジウム　**城に学ぶ**

2023年10月9日　第1刷発行　（定価はカバーに表示してあります）

編　者　　NPO法人 東海学センター

発行者　　山口　章

発行所　名古屋市中区大須 1-16-29
振替 00880-5-5616 電話 052-218-7808　風媒社
http://www.fubaisha.com/

＊印刷・製本／モリモト印刷　　乱丁本・落丁本はお取り替えいたします。

ISBN978-4-8331-0634-4

東海学シンポジウムとは

1993年、春日井市は地域からの「歴史・文化」の発信をめざし、森浩一氏を中心に「春日井シンポジウム」を立ち上げました。以後、2012年まで20 回にわたって開催し、確かな実績を残しました。

春日井シンポジウムが20 年の歴史を閉じたのち、NPO東海学センターが立ち上げられ2013年秋「東海学シンポジウム」が開催されます。森浩一氏提唱の「東海学」の名を背負い、東海の特性を明らかにする試みがここに始まります。

「地域学」は「郷土史」に止まることなく、全国的視野に立ち 常に新しいテーマを取り上げます。「春日井シンポ」の成果を引き継ぎ「真の地域学」を育むこの試みに全国の歴史ファンの皆様のご支援を期待します。

第１回　2013 年「食の不思議―東西食文化の接点・東海」
第２回　2014 年「歴史と災害―災害は歴史を変えたか」
第３回　2015 年「いくさの歴史―戦争の本質を見つめ直す」
第４回　2016 年「いくさの歴史Ⅱ－継体と信長に絞って」
第５回　2017 年「森浩一古代学を読み解くⅠ」
第６回　2018 年「三角縁神獣鏡を考える」森浩一古代学を読み解く
第７回　2019 年「東海と王権」～大王・天皇と祭祀の歴史
第８回　2021 年「城に学ぶ」
第９回　2022 年「“ あの世 ” 観に学ぶ」
～古代・東アジアの葬送文化から